这是一本深层解剖教育的书，

一本深刻反省自己的书，

尖锐而不尖刻，

有着作者鲜明的观点和独特的做法。

U0887706

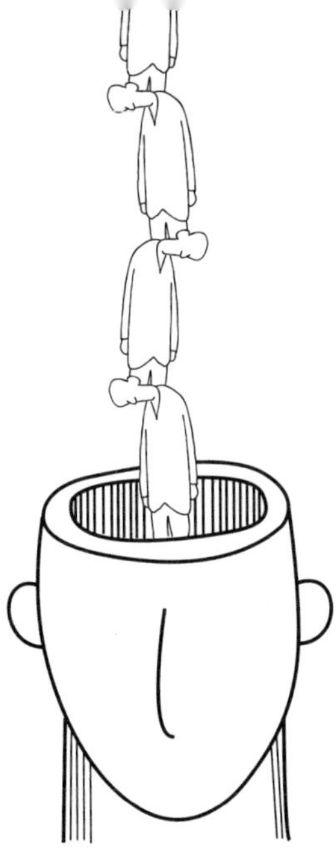

做教育的清醒者

ZUO JIAOYU DE QINGXINGZHE

厉佳旭 著

首都师范大学出版社
CAPITAL NORMAL UNIVERSITY PRESS

图书在版编目（CIP）数据

做教育的清醒者／厉佳旭著．—北京：首都师范大学出版社，2012.9（2015.10重印）

ISBN 978-7-5656-0999-2

Ⅰ.①做… Ⅱ.①厉… Ⅲ.①教育工作－文集 Ⅳ.①G4-53

中国版本图书馆CIP数据核字（2012）第222419号

做教育的清醒者

厉佳旭 著

责任编辑 喜崇爽

封面设计 棱角视觉

出　　版 首都师范大学出版社

地　　址 北京市海淀区西三环北路105号（100048）

电　　话 总 编 室：010-68418523

团　　购：010-58802818

新华书店：010-68418521

网　　址 www.cnupn.com.cn

邮　　箱 zunshiyuan@hotmail.com

印　　刷 北京中科印刷有限公司

版　　次 2012年10月第1版

印　　次 2015年10月第3次印刷

开　　本 700mm×1000mm　1/16

印　　张 18.5

字　　数 228千

定　　价 32.00元

版权所有　违者必究

如有质量问题　请与出版社联系退换

序

我眼中的厉佳旭老师，有着许多杰出教师身上共有的特点：情感专注，勤奋上进，聪灵智慧，诚信务实……总之，在他学生的心目中，厉佳旭堪称一位完美的老师。

得知厉佳旭老师要出书了，我欣然应允为他这本教育专著作序。

我清楚知道，这本倾注了厉佳旭老师心血的育人佳作，字里行间渗透了他对多年来所从事的教育工作尤其是德育工作的思考和理解；凝聚了他和学生们的一段段珍贵的情谊，纯真而质朴；也流露了他对理想的教育孜孜以求的心愿，真切而感人。书中所记录的一些故事，不仅是厉佳旭老师个人的美好记忆，也称得上是教师与孩子共同成长的范例。书中所表达的一些观点，不仅是厉佳旭个人的见解，更值得所有关心和从事教育的人们去思索。

厉佳旭对教育有着真诚的情感。他担任德育副校长期间，兼任着班主任老师，不容易。除了用心做好学校的工作外，他每天都要和学生在一起，细心观察，爱心呵护，耐心引导，全心育人。在日复一日的班主任工作中，他把平平凡凡、点点滴滴的工作做得尽善尽美，赢得了学生们由衷的敬佩。厉佳旭的学生喜欢称厉老师为“厉爸爸”，他们为在青春的行进中拥有这样一位能与他们心相融、情相契的“父亲”老师而感到自豪。

“能走进学生心灵居所的老师，才称得上好老师”，这是教育家魏书生老师说的，是我很喜欢的一句教育名言。实事求是地讲，厉佳旭真的就是这样的老师。他当班主任，做到了在学生的心灵深处耕耘，精心地在每个学生的心田里播下了幸福的种子。在他真诚的引领下，学生们为他敞开了心门，青春的心语向他倾诉，一个个隐秘而青涩的成长故事，因为有了厉佳旭老师的倾情参与，变得绚丽而成熟，从而演绎成了一个个精彩的育人案例。这是此书所具有的特殊魅力，非常值得一读。

此书还有一个特点是视角独特。厉佳旭是一个勤于思考、乐于求新的人，也是一个勇于批判和自我批判的人。他习惯对教育生活中触及的一些现象和问题进行深入的思考和分析，然后做出独特而不失深刻乃至犀利的解读。本书中不少篇章观点新颖，言辞真切，发人深省。其中有一篇《做教育的清醒者》，我很喜欢，我相信厉佳旭本人就是这样的清醒者，不随波逐流，不人云亦云，始终保持一个思索者的姿态，行走在教育的路上。

能从平平淡淡的生活中发现教育的真谛，能把普普通通的教育故事撰写成书，是厉佳旭最值得称赞的地方。无论自己工作多么繁忙，无论是工作和生活中出现怎样的插曲，厉佳旭都做到了每天如饥似渴地读书，乐此不疲地思考，持之以恒地记录下自己作为班主任、作为一名教育工作者的足迹，写随笔，写感悟，写收获……正是这样的日积月累、笔耕不辍，他才拥有了一笔丰厚的精神财富。“机遇往往降临在有所准备的人身上”，成书出版，这是天赐的良机，是对厉佳旭夜以继日地不懈努力的回报。

年富力强的厉佳旭老师，如今担任了一所学校的校长，我为他的成长感到高兴！他今后的路还很长，要做的事也很多，期待在未来的日子里，听到他更多的捷报，看到他更多的作品，愿他获得更大的成功！

任小艾

2012-05-18于北京

目　录

目 录

做教育的清醒者

做教育的清醒者

每逢端午节来临，心里总有一种悲哀。在我看来，屈原不能说全是时代的悲剧，他更是一个政治上的清醒者的悲剧。

“举世皆浊，唯我独清。”我一直怀疑这样的说法。那个时代的政治上的清醒者，一定不止屈原一个。他只是其中最清白清高、对国家和国君最忠心耿耿的人之一。只不过，到了后来，迫于种种淫威，多数清醒者最终选择闭上了眼睛或者至少闭上了一只眼睛。

唯独屈原没有，或许孤高的心态让他宁可选择自我毁灭，也不愿意选择妥协。

对屈原，我除了深深的敬意外，还有惋惜。他是一个彻底的清醒者，是一个愤激的清醒者，因而也是一个悲剧性的清醒者。清醒者一定会遭遇困难，会活得更艰难，因为他的担当更沉重。清醒者本人要对此有清醒的认识。否则，一旦遇到困难，就容易选择毁灭。在我看来，毁灭是另一种沉睡，因为它终究让位给了糊涂和昏庸。

2011年，有一段时间，两个人的命运让我牵肠挂肚。一个是立志做中国第一慈善家的陈光标，他被人称为“暴力行善”，一度深陷各种“门”，后来还是被中国慈善总会授予慈善楷模奖。

一个是南科大的朱清时校长，他立志办中国第一所真正学术独立、教授治校的大学，但是遇到了重重阻力。这些阻力有来自传统的，也有来自现代的；有来自上面的，也有来自同行的；有来自外部的，也有来自内部的。

他们都是清醒者，都遭遇了常人难以想象的困难，遭遇了太多的误解、太大的阻力、太频繁的非议甚至太恶毒的攻击和太无情的背叛，他们还是咬着牙坚持一路向前。

清醒的人，注定步履沉重，也注定容易招致非议，甚至有时会不得善终。这是历史规律。看看国内外那些清醒者们的命运，可以得出这个结论。在我们的文化中，“难得糊涂”四个字所以素来深受青睐。

百年大计，教育为本。在教育阵营里，我们太缺乏清醒者，缺乏敢于担当责任、勇于摇旗呐喊、绝不轻易做殉道士的清醒者。我们要多一些能够奔走呼喊的人、能够负重前行的人，少一些摇头叹息徒发悲慨的人、动辄愤激地选择自我毁灭的人。

坐而愤世嫉俗，退而避世脱俗，愤而惊世骇俗，都不如进而移风易俗，哪怕仅仅能够做一点点，改变一点点。

这些年，教育上出现了太多的狂热、太多的时髦、太多翻来覆去的变化，教育越来越让人迷惑和糊涂，让人不知所措了。一些教育阵营里的清醒者就站出来了。在教育走向死寂的时候，他们敢于披荆斩棘，一马当先，不惜被人视为标新立异；在教育走向狂热的时候，他们又会适时泼一些冷水，不惜被人攻击为故步自封；在昏睡者、半梦半醒者或者明智者看来，他们的声音总是会有些不合众调，他们总是在故意和潮流过不去，和大伙儿过不去。他们难免会引起争议，甚至遭受非议。可这些人始终保持了教育的那份清醒和独立的良知。这些人中，有钱梦龙，有魏书生，有朱永新同，有李希贵，有刘彭芝，有李镇西，有吴非，有孙云晓……还有许多在各自的讲台上睁大了双眼行走着的、默默无闻的教育良心的坚守者。

这样的清醒者，正越来越多，逐渐成为一支推动教育改革的强大队伍，也成为维护教育科学发展的理性力量。我坚信，这样的清醒者更多一些，再多一些，我们的教育就不容易出现因太多的左右摇摆而让人无所适从的情况。

教育的清醒者不是谁都可以自封的，在我看来，真正的清醒者应该是这样的：

他能够对教育有一个正确的理解。他知道教育是什么，为什么需要教育，教育为了谁，教育为了什么，教育能做什么，教育该做什么，教育该怎么做。他对每天的教育工作，都从教育的本质、规律、目的和功能等方面来思考。他善于分析，更善于鉴别和坚守。他不会随波逐流，利欲熏心，盲目跟着一些冲动的理念和流行的口号走，也绝不盲目做那些流行理论的追捧者和图解者，他甚至未必会乐于用流行的术语来装饰自己。他始终懂得坚守教育的使命，懂得站在教育规律的立场来看待纷繁复杂的各种教育现象。他也绝不会为了迎合别人而拿学生的利益来做交换，绝不为了赚取个人的名利而拿学校的利益作筹码。他同样不会因为有压力，就放弃他所追求的教育理想和他所坚守的教育规律来屈从于现实。他不人云亦云，也不故作惊人之语。他只相信科学和真理，不盲从权威和世俗。

他能够对教育现状有足够的了解。他不盲目乐观，也绝不爱唱挽歌。他不愤世嫉俗，但更不哗众取宠。他是理想主义者，但绝不是空想主义者。他同时是现实主义者，但绝不做妥协主义者。他承认并也追求教育的功利，但绝不是为了满足个人的小功利，而是一切工作都着眼于学生、学校和社会的长远功利和大功利。他的心中常装着教育问题，经常思考着教育的出路。他具有一种强烈的忧患意识，对教育的忧患、对年轻一代发展的忧患、对国家民族的长远利益的忧患。他竭力去发现问题和解决问题，而不单是提出一大堆问题并大加批判。他重视追求结果，所以愈加重视过程的完善和正确；他重视教育效果，所以愈加重视教育形式的完美和适合。

他对自己有清醒的认识。他认识到自己能够做什么，该做什么，该怎么做。他的头脑不会轻易发热，他随时能够接受他人的批评和提醒，绝不做一个故步自封、刚愎自用者。他一旦认定正确的道路，即使单枪匹马，也奋然前行，绝不轻易回头。他不会因为有人批评，有人误解，有人议论，有人攻击中伤，就轻易放弃自己的信念，放缓自己的脚步。他不会因为获得高级职称或者特级教师、名师的称号而就此丧失追求的动力，也不会因为自己年资已高，就处处降低对自己的要求。他懂得教育者就是要和年轻人赛跑，就是要和时代赛跑，教育者只有永远站在时代的前面，才能承担起引领学生成长、促进社会发展的重任。他知道教师如果倚老卖老，抱残守缺，倦于学习和自我提升，教育就无法真正面向未来。他不会把自己的价值和成就局限于考试成绩的三两分的差别，他明白自己应该给学生什么，自己究竟给了学生什么，也明白自己的教育究竟还缺乏什么。他永远有一种做学生的心态，在学习中生活，在工作中不断成长。他不能免俗，但他绝不会媚俗，也不甘庸俗。他追求高雅，但绝不故作清高。他渴望卓越，但绝不恃才傲物。他知道，一名卓越的教师就是一本好书，可供学生翻阅一辈子的一本好书，所以，他时刻提防这本书失之于偏颇。他习惯于做自己的对手，勤于自我反省和批判，自觉鞭策自己、磨砺自己、超越自己。他不会面对一些赞誉就沾沾自喜，不会面对一些困难就忧心忡忡，也不会因面临阻力就自暴自弃，不会因有人暂时不理解就自怨自艾。他绝不会做一个怨妇，而要做一个真丈夫。他不热衷于单做一个教育的批评者，也不惧做一个教育顽疾的攻坚者。

他对学生有理性的热爱。他知道教师的价值在于引领学生成长。教师存在的必要性，恰在于学生的未成熟。他知道如何研究学生，了解学生，走近学生，服务学生，引领学生。他绝不把学生当作上帝，也绝不盲目迷恋师道尊严。他把学生发展当作终身目标，把善待每一个学生、帮助每一个学生获得发展和提高当作毕生使命。他认为教育不是万能的，但是教育一定要竭尽所能，所以绝不能厌弃学生，也不该抛弃学生。他任何时候都选择接受学生，热爱学生。他不惧怕学生问题，也不厌恶问题学生，他把所有的学生的问题，视为教育的课题。他尊重学生，善于理解和宽容学生，他更精于引领学生走向高尚、高雅和高贵。他从不把学生当作人质，也不把学生当作私有财产。他一切工作的出发点都是如何更有利于学生的发展，而这个发展，又不仅仅是当下的发展，更是终身的良性的发展。他不热衷于选择适合教育的学生，而是勤勉于寻求适合学生的教育。他绝不推卸自己的教育责任，也不喜欢把学生的成长和成功归功于自己。他和学生亦师亦友，亦亲亦故，他对学生亦爱亦严，亦刚亦柔。他绝不拒人于千里之外，他也绝不会为了迎合学生，丧失教育的立场。在学生面前，他始终有着经师的威信，更有着人师的威望和尊严，任何时候都对得起“老师”这个最朴素的称呼。

他对教师职业怀有平常的心态。他热爱生活，热爱过常人的幸福生活。他渴望有好的待遇，也在乎工作的物质回报，但他更明白工作对于自己的人生价值和精神意义所在。他认识到工作绝不仅仅是为了养家糊口，他不会因为某地多给他薪酬就轻易抛弃培养自己多年的学校，也不会因为得不到更多的奖金而牢骚满腹，更不会为了谋得一官半职而放弃教育责任和理想。他知道选择了讲台就意味着告别发财梦和当官梦，意味着选择在物质上过普通人的生活。他从不羡慕住别墅开宝马的老总大款，也不妒忌一出门就有人前呼后拥的官员名人。他追求做一个对学生终身有用的老师，甚于追求当一个校长、局长和县长，他知道每一种职业，甚至每个人都有着不同的价值。他尊重每个同事和领导以及每一个生命，但他绝不诚惶诚恐、唯唯诺诺。他也不会到处高唱怀才不遇、怨天尤人的悲歌。他知道教师的成就感和尊严感，不在于耀眼的奖杯和缤纷的鲜花，而在于每个学生的拔节生长。他每天都努力让自己积极乐观，春风满面，他知道教师必须做那一缕吹绿大地的春风，让每个年轻的生命因他而更茁壮。他有自己的教育理想和职业规划，绝不让自己终其一生而碌碌无为。他立志于有所作为，而不着眼于谋求地位。他甘于平凡而绝不平凡，安于平淡而绝不平淡。

他在教学上有独特的作风。他绝不做教材的奴隶，也不刻意追求教法的新奇。他知道一切教育的目的是为了不教。他把教材仅仅看作是例子，把教法仅仅看作是手段。他不会照搬别人的教案，然后照本宣科。他可以空着双手走进课堂，以全然陌生的方式，以自己是一个无知者的身份，像学生一样去尝试着理解、分析生活、知识和技能。他是一个知道该怎么教育的人，表现出来却仿佛一个无知者。他绝不让自己表现得无所不能和无所不知。他不做学生的活词典，不轻易帮助学生，而是让学生自己做一个勇敢的求知者和探索者，做一个失败者和勇于从失败中站起来的人。他绝不沉迷于自己出色的课堂表现来博得学生的崇拜或者同行的喝彩。他立志培养能够超越自己、让自己崇拜的学生，而不是让自己成为学生崇拜的老师。他知道一切不在于自己如何出色，而在于自己究竟能够让学生有多出色和多快乐。他不善于时时表现出教师的高超和广博，而是乐于让学生尽情呈现自己的精彩。他以自己的无为，来力求让学生大有作为。他更乐意让自己做一个学生，一个忽远忽近跟随在学生左右的大孩子，巧妙地指引着学生走向更高、更远、更强。

总而言之，教育的清醒者，有科学的教育理念，有独立的教育思想，有坚定的教育追求，有美好的教育良心，有坚实的教育步伐，有敏锐的教育眼光，有真诚的教育情怀，有积极的教育心态。

教育的清醒者，一定会感受到更多的孤独和酸苦，因为他总在不停地观察、思考和行走，而此时他身边很多人都在躺着或睡着。教育的清醒者，一定会受到很多的指责和怀疑、误解甚至曲解，因为他所见所做的，通常都是那些躺着或睡着的人们所难以一下子理解和接受的。教育的清醒者，一定会举步维艰，因为任何因循守旧或者照搬照用的做法都简单易学，唯有引领性和开创性的工作，才会无比艰难。教育的清醒者，也一定会更加快乐，因为他看到了许多人看不到的繁杂肤浅的现象背后的深刻永恒的本质，感受到了许多人感受不到的精神上的自我成长；教育的清醒者，一定会更加充实和富有，因为他能够尝试常人不敢尝试的东西，品尝到常人品尝不到的创造的甜蜜；教育的清醒者，他的教育生命一定也更加丰厚和精彩，因为他能够领略到别人无法领略到的攀登之乐，攀摘到常人无法触及甚至无法想象的探索之果。

2011年暑假，我到欧洲去教育考察半个月。回来后，由于时差的原因，在一段时间里，经常凌晨一二点就醒了。醒了，我就坐到书房里写作。写了数千字，往往人就累了，就站在窗边看外边的世界。窗外，尽是那灯火，或明或暗，或红或绿，或密集或疏朗，或静立不动或缓缓流动。有一条金色的长龙，蜿蜒伸向远方，这是一条连接城市东西两端的主干道。时有车辆叫嚷着驶过这条马路，灯光就在马路上闪闪烁烁地移动着，像是流动的水波。夜晚的城市，更像是春天，万家灯火，恰似那百花争妍。虽然醒着自有醒着的苦处，但是，醒着也自然更有醒着的美妙风景。

守住快乐的底线

某日，从早晨开始，心情就莫名地烦躁。

前一天刚下过雨，天潮湿，依然闷热。或许是天气使然。

工作还是得干。知道自己工作很多，却不知道该干什么。这就是一种烦躁情绪笼罩下的工作状态。我不止一次经历过这种状态。我相信，也有许多人有过类似经历。这或许就是职业倦怠？

我不想给自己贴一个标签，然后让自己在里面苦苦挣扎。我于是走出办公室，在校园里散步。我在思考一个问题，我究竟为什么而烦躁？

找不到答案。

我突然想到，叔本华说过一句话：幸福就是没有痛苦。

对了，我何不问问自己有什么痛苦？

我的心里面就开始了一段奇妙的对话：

你今天身体好吗？

好，至少身体好像没有感到什么不舒服。

那么，你还有什么可以感到不开心的呢？有多少人现在正躺在医院里痛苦呻吟呢，还有多少人在自家破旧的床上躺着而无钱治病呢。

你的家人好吗？

家人好啊，爱人和孩子都健康，双方父母兄弟都很好，安然无恙。

如此说来，你是“父母俱存，兄弟无故”了，这不是孟子所言的三乐之一吗？你难道没有想过，每天发生多少意外事故，每天有多少家庭瞬间就妻离子散阴阳两隔？你不知道，全国全世界，现在有多少人过着残缺的家庭生活？有多少人无家可归？

如此说来，我该快乐一点了。

不是一点，该很快乐！

我再问你，你有没有做伤害他人的违法犯罪事件？你有没有处心积虑去损害集体，危害社会？

怎么会有呢？我一直是一个胆小的人，我从来认为善是一种力量，所以，我要求自己对他人、对社会，都要心存善意，绝不去做伤天害理损人利己之事。

如此说来，你又有了孟子所言的第二种快乐——“仰不愧于天，俯不怍于人”。

孟子还说过，“得天下英才而教育之，三乐也”。我再问你，你的学生是不是很优秀？他们是不是很敬爱你？

我的学生对我很敬重，我和学生相互尊重，相互珍惜，非常愉快。虽然在常人看来，他们现在不是最优秀的，但在我眼中，他们未来一定会很优秀，我希望，也相信，未来的他们一定比我更优秀。

这样看来，你不是具有君子的三乐了吗？你究竟还有什么可以不快乐的呢？你知道吗？有多少人因为一失足成千古恨，亡命天涯？有多少人成天如履薄冰，唯恐东窗事发？有多少人天天在面对一个个凶神恶煞般的对手，时刻有着生命之忧？

你这么一说，我的确该感到快乐。

我再问你，你的工作是否顺利？你对工作是否热爱？你在工作上的成绩是否足以让你感到问心无愧？

我真诚地热爱自己的工作，我自信对工作是高度投入的，我的工作也是有成绩的，而且，我最感欣慰的是，学生和家长很肯定我的工作。我也很幸运地得到同事、领导和社会的肯定。

那么，你更没有权利感到不快乐了！一个人的价值很大程度上在于他对社会的贡献，而工作是实现自身价值的主要途径。你的工作得到肯定，这不证明你的人生富有价值，你的生活富有意义吗？有这么多人支持你、肯定你，这不证明你拥有许许多多真诚的友谊吗？我想正告你，快乐是一种权利，而不快乐也是一种权利，很多时候，我们感到不快乐，是我们在滥用不快乐的权利！你已经拥有了健康、家人、事业和朋友之爱，你还有什么理由感到不快乐？如果你感到烦躁，这恰好是这些东西在暗处对你发出的警示，如果忘了它们的存在，你将失去快乐和幸福的权利。

谢谢你的提醒，我知道自己该怎么做了，至少，经你这么一说，我的烦恼少了，我好像的确找不到烦恼和烦躁的理由。我现在感到轻松多了。谢谢你！

……

心里面进行了此番的对话之后，奇怪，我感到自己轻松了，愉快了，而且，我能够以平静的心态面对自己的工作了。

我于是整理了办公室，看到办公室由凌乱变得整洁，我感到开心。这时候，我刚好听到了两位同事因为一点小事而在门外大声争吵，一位女同事还哭了。我走出去，安慰了两位同事之后，就更觉得人和人之间，特别是同事之间该学会相互珍惜，像我这样没有和谁过不去，没有和谁红着脸争吵过，也实在该感到欣慰。看了看自己的工作清单，我知道自己接下来该干什么了。我打开电脑，快速打下这一段文字……

当我完成这一切的时候，我已经彻底走出了烦恼的心境。

一个人的心情，就如同身体，总有一个起伏的时候，有时候会兴奋，有时候会烦躁，很多时候，没有任何理由。唯一的理由，或许，这就是生理和心理规律，神秘的规律。

但人是可以尝试着主宰自己的。我们可以努力做自己的救世主，做自己的拯救者。尤其是在幸福和快乐这件事情上。

除了孟子说的君子有三乐，还有凡人的三乐：得意时助人为乐，失意时自得其乐，一般时知足常乐。

我的这番自我安慰，或许，也算是自得其乐吧。我的确该自得其乐，更何况，我还并没到什么失意的时候呢。

说到“自得其乐”，还真的觉得这是个很好的词。自己是快乐的主人，只要自己努力，快乐还真是能够得到的。而且，绝大多数时候，也只有自己才能给自己快乐。

如果我们自己觉得不快乐了，或者我们自己主动放弃了快乐的权利，不自觉地丧失了快乐的能力了，那么，就没有人可以给我们快乐了。

作为教师，工作的繁重自然是无法避免的，选择了教师职业，就意味着无法逃避这一切现实，但在我们不快乐的时候，不妨学会做自己的心灵导师，给自己划一条快乐的底线，然后，问问自己，究竟在底线之上，还是在底线之下。如果自己在底线之上，自己就已经进入快乐的殿堂了，如果在底线之下，那么，证明你还在快乐的门外徘徊。不过，底线的划定，是可以随心所欲的，只要你想自己快乐，你就可以划一条更低的底线，这时候，你要自己不快乐，你都做不到。

当然，底线也是需要坚守的。现实中，由于贪婪而干出像寓言中的猴子那样捡了芝麻丢了西瓜的傻事的人并不少。我们一不小心，就会因为一些琐碎的事情而让自己处于焦虑之中，忘却了已拥有的一切。比如，平均分比人家低那么一点点，同事之间一句误解的话语，领导的一次批评，学生的一次顶撞，家长的偶尔不配合……

这些和我们的人生的快乐比起来，都是不值一提的“芝麻”。没有什么比让自己感受到生活和生命的快乐更重要。守住我们快乐的底线，不要让自己被一些“芝麻”击溃。这样，我们的快乐才会强大而持久。

倘把校园当家园

谈谈教师的幸福感问题。

美国积极心理学家赛利格曼教授曾提出一个幸福公式，认为人的幸福来自先天的遗传素质、后天的环境和个体自身主动控制的心理力量三个方面。

要让教师有幸福感，有关部门、社会各界在努力提高教师的物质待遇的同时，还要努力营造一个尊重教师、信任教师、关爱教师、支持教师、肯定教师的宽松、民主、温馨、和谐的精神环境。

从教师角度讲，教师无法轻易改变自身的遗传因素，也无法随心所欲地改变自身的环境。比如，不是我们想要领导给我们减负就减负，不是想要上级给我们加薪就加薪，也不是想要社会和家长给我们更多尊重就能够马上给的。我们能够做的是改变自己的心理力量，通过自己的主观努力来增强自身的幸福感。

根据有关调查研究，教师对待工作的态度分两种类型：职业型和事业型。一字之差，角度大不一样，结果也自然不一样。

职业型的教师，把自己每天的工作，当作谋生的手段和赚钱的工具。他们把工作和生活、手段和目的截然分开。他们觉得工作是为了学校、为了学生，对于自己则除了赚钱就别无意义。他们在学校里度日如年，每天等着上课铃声响，等着下课铃声响，然后等着放学铃声响，然后等着放假，等着退休。在他们看来，唯有离开学校、学生和课堂，才是快乐的开始，也才是生活本身。他们一天之中，绝大多数时间都处于无奈的等候和痛苦的煎熬中。他们始终在等待某一个他们认为快乐的时刻，而他们的快乐只是一个又一个的点，而不是一条一条的线。对他们来说，似乎等到了快乐之后，又觉得快乐是如此的短暂和稀少。他们的生活中充满了怨言和不快。对他们而言，教育工作成了一种负担，课堂和学生成了无法抛弃的包袱，学校成了一个囚禁自己的监狱。

事业型教师，把教育当作事业来追求。他们认为工作不是单纯为了学生和学校，同时更是为了自己，为了丰富自己的人生体验，完善自己的人性、人格，实现自己的人生价值。他们把工作和生活合二为一，把生活的手段和目的、过程和终点融合为一体。他们避免了两者分割带来的痛苦的煎熬，所以在别人看来非常痛苦繁重的工作，他们却乐此不疲。

在职业型教师看来，事业型教师是把自己卖给了工作，卖给了单位。他们觉得，事业型的教师，就是不要家不要命的工作狂，就是一个要工作不要生活、舍本逐末的人。

这种看法并不符合实际和科学。把工作当作事业，并非让自己成为工作狂，工作狂是那些只懂得工作而不懂得享受生活的人。当你把工作当作事业的时候，你每天不得不面对的工作就成了一种享受，你每天的校园生活就成了你自身愉快的生活体验的一部分。反过来，生活也就自然而然地融入了你的工作。一个把工作当作事业来追求的教师，是不大会感受到工作的痛苦的。他们在生活中会是一个非常有心且开心的人，他随时可以发现生活的意义，也随时可以获得生活给予他在教育工作方面的启悟。比如，即使他在房间里打扫卫生的时候，在阳台上浇灌花草的时候，在厨房里炒菜做饭的时候，他也能轻而易举地从中获得关于教育的灵感和启悟。那些睿智、博学的专家教授，大都是这类人。他们的报告中最精彩的部分，通常不是艰深的理论和新颖的术语，而是最切近我们日常生活的部分。这就是他们的幸福和成功之处：他们把工作当成了生活，把工作做成了事业。

之所以强调要把工作当作事业来热爱，因为我们教师的工作时间比一般职业要长，教师一生中的大多数时间都是在教育工作中度过的。不管你是否愿意承认，工作原本就是我们生活中的最重要的部分之一。对待工作的态度，其实就是对待生活的态度。

每每看到有一些教师一边眉头紧锁、深恶痛绝地谈论教师这个职业，议论自己所教的学生，一边又不得不日复一日地走进教室去上课，就觉得悲哀。一个不爱自己终身从事的工作的人，何来热爱自己的生活？一个舍得把自己生命中的大多数时间交给痛苦的煎熬和不厌其烦的抱怨的人，如何真正懂得爱惜自己的生命和健康？这样的生活心态和状态与慢性自杀何异？

那些认为工作是工作，生活是生活，希望能够将两者截然分开，并借由工作时间外的一点愉悦来抵消工作压力的想法，虽然合乎想象和常理且短期内也能够产生一定的作用，但并不能从根本上改善教师的整体生活质量，尤其是精神生活质量。

赵汀阳博士在谈到幸福的问题时说："不仅要意识到结果的价值，而且尤其要意识到通向结果的行动的价值；不仅把结果看作是幸福的生活，而且尤其要把行动本身看作是幸福的生活。"教师要善于从每天的工作这一"行动"中寻找快乐和成就，寻找自己的精神归宿，实现自己人生的价值和意义，让自己的幸福变得丰满、稳定且持久。

倘若我们学会把课堂变成自己家的厅堂，把和学生交流分享知识当作和亲人朋友谈天说地，把自己的三尺讲台看成自己的厨房借以制作一道道精美的菜肴，把自己被作业和书本包围的办公室看成自己家里安静的书房，把有田径场、草坪和奇花异树的校园当成自己家的后花园……总之，如果我们把校园当成我们自己的家园，那么，我们的教育生活，就会充满诗意、新意、情意和快意，我们教师的幸福，就绝不仅仅在十多小时之外的那点可怜的自由时间了。

江苏的李庚南老师，在讲台上站了55年了，至今仍以73岁的高龄担任着许多人避之唯恐不及的班主任工作，她的班主任任龄创下了吉尼斯纪录。她说："能够将职业做成一辈子的事业，并享受事业追求中的艺术感受，是我今生的最大幸福。"读过一篇文章，题目叫作《安享途中》，作者告诉我们，生命不是用来急急忙忙地追赶的，而是用来慢慢行走欣赏的。作为一名教师，我们要安享生命之美，就需要懂得安享教育之美。这是我们教师远离抱怨、避免自我折磨、享受完整的幸福生活的唯一途径。

教育虽然有些沉重，现实虽然充满了无奈。但我们不能让自己的心灵失去了快乐飞翔的权利和勇气。选择了教师职业，我们就有义务解放自己的心灵，让教育成为我们生活中的一种享受，让教育成为我们生命中最美丽的一段合奏。千万不要因为一点小困难和小挫折，就对教育失去信心和兴趣，对学生失去爱心和耐心，对工作失去感情和诗情，让自己失去了拥有幸福的权利和机会，把自己安放在一个心灵的囚室里，痛苦煎熬。

无论我们身处何方，我们依然要弹奏自己的幸福之歌。

我，真的很重要！

某年元旦，高中同学打来电话，祝我新年快乐，并邀请我们一家和他们一家一起到郊外去逛逛，以便让两个同龄的孩子也一起玩玩。这些年，她已多次给我打过电话，约我们全家一起叙叙旧。可每一次，我都忙于学校事务，不得不婉拒了邀请。

得知我又在学校值班，她说："不要以为自己很重要，人家总统和国家主席都换了一个又一个，世界还不都一样？"

3月份的一个星期天中午，大家在教育硕士班同学的家里聚会。16位同学，除了两位路途较远，其他的都到了。吃完中饭，已是下午两点，一位师兄新近晋升为市管干部，他邀请大家晚上到某酒店继续聚会。整整一年没有好好碰面了，大家都欢呼赞同。

我提出要回学校，这几天校长和几位副校长都去广州参加名师协会的活动了，只有我和一位校长助理在学校，而且我兼着班主任。同学们就开始"教训"我，说："你自己当副校长的，你的班级叫人看一下不就行了吗？"我说，不行，这个事情不好意思叫别人做。他们便不客气地说："不要把自己看得太重要，你只是一个副校长，人家校长长期不在家都行！你要知道，你们学校没有你照样行，真的。你的精神值得肯定，但很多时候，没必要这么辛苦，你这么辛苦，领导也未必就会对你更加器重，很多东西不是靠辛苦就好的。"

这些同学中，有担任院长的，也有担任局长、科长和校长的，都很优秀。我知道，他们的话不无道理，或许只有最亲近的朋友才会这么劝导我。在他们看来，我这个人有点傻劲儿，不够灵活，也不够洒脱。

这些年，为了工作，我婉拒了不少聚会、宴请、游乐，少了许多“潇洒”的机会。不是以为自己有多能干、多出色，以至于学校缺了我就会无法生存，更不敢自夸能力有多强，以至于别人无可替代，只是觉得，我更多地在为自己而工作。对于我这样一个出身于大山深处的农民子弟而言，如今能够在发达地区有一份教师的工作，拿着一份不薄的待遇，已经万分知足了。每当看到民工们在烈日下曝晒一天，却往往只能得到一百多元甚至只有几十元的报酬，我就想，我只是多读了几年书而已；每当看到一些在我看来非常出色的硕士生来我校应聘，眼中流露出对工作的极度渴望，想到更多的硕士甚至博士们正在嘈杂拥挤的人才市场上唇焦口燥地叫卖着自己，我就想，我只是早几年出生而已。我常有一种庆幸感，我自认为禀赋平平，能力平平，又不善八面玲珑，除了多一点努力之外，没有别的渠道和方式，可以让自己在工作上感到更加踏实。

工作于我而言，确乎很重要，它是我现在所拥有的一切快乐和幸福的基础和保障。所以，我希望我的努力对学校也很重要，如此而已。我从来不会因为校长外出而工作偷懒一点，也不会因为校长看得见的时候就表现得特别不同。

工作是一个人贡献和服务于社会的主要途径，也是一个人从社会获取个人所需的物质和精神财富的主要渠道。一个人的生命价值乃至尊严通常都体现在他所从事的工作中。每个人都应当意识到工作对于自己的重要性，并努力让自己变得更重要。

一个人的重要性随处可见。一个班级因为换了一个班主任而面貌一新；一门学科因为换了一个老师而成绩飞跃；一所学校因为换了一个校长而名声大振。有的老师热爱并擅长摄影，他拍摄的图片，总是角度新颖，效果绝佳，除了他，没有第二个能够做到这样的人；有的老师擅长制作，且总有许多的奇思妙想，他指导学生小创造小发明，总能够在各级各类比赛中获得大奖；有的老师擅长宣传，他写的报道总能够高屋建瓴、小中见大而又言简意赅，因而常常见诸报端，而别人则很难。有一位同事，他勤勤恳恳，很敬业，在他的主持和努力下，学校成为省绿色学校和全国绿色学校，学校的环境教育特色一度在市内外闻名。后来，他不幸患病英年早逝，学校的这块工作，从此就再也难以达到这个高度，这个特色，也就逐渐归于平淡。

每年8月份安排课职务的时候，学校领导总是最忧心的。哪些人适合当班主任？哪些人适合教这个班级的课？哪些人适合教毕业班？让人绞尽脑汁。一位校长说，如果可能的话，真恨不得多克隆一些像某某、某某等那样优秀的教师来，因为只要他们负责地工作，总是能够让人放心，也让学生和家长满意。人和人的确不都是一样的。有位校长经常在教工会议上坦率地说，有的人不可替代性强，少了他，学生和学校就遭受损失；有的人可替代性强，有他没他一个样，甚至换了别人会更好。他说，每个有尊严感的人应当追求成为不可替代的人。

这句话很残酷，但很现实。一个人重要不重要，关键还在于自己。他看重自己的生命价值，在他所从事的工作中，尽情施展出他所具有的优势和潜能，实现自己人生价值的最大化和最优化，他就必然成为这个集体中不可或缺的一员。他认为自己不重要，浑浑噩噩过日子，对学生没有责任心，对自己没有严格心，备课、上课、师生关系、师德修养、教学质量等就都会出问题。

虽然他也能及时领到工资，也能衣食无忧，但他无形中让自己变成了随时可以更换、备用件众多的零配件了，人生的尊严感和成就感自然无从谈起。他变成了可有可无的“多余”人，自怨自艾或者怨天尤人，是不可避免的了。

“天生我材必有用”“国家兴亡，匹夫有责”说的就是自我认识和自我定位问题，而“取乎其上，得乎其中，取乎其中，得乎其下”说的则是一个人自我定位的高低，决定了他的地位和成就。成功学家詹姆斯·艾伦说得更明白：“他是怎样思想的，他就是怎样一个人。”一个人的实际高度，永远不会超过他对自己所期待的高度。

有一个人，出生时就患了非常罕见的海豹肢症，没有手和腿。他曾三次尝试过自杀，他不知道像他这样的“废人”，对于家庭、对于世界还能有什么意义和价值。直到10岁的时候，他意识到“人要为自己的快乐负责”，开始学习踢足球、溜滑板、打高尔夫球；直到16岁的时候，他觉得自己要把“激励他人”作为人生目标，他开始了全球演讲，创设“没有四肢的生命”非盈利性组织。据说，至今已经有6亿人听说了他的勇敢人生。他自强不息的事迹，给了无数处于心灵困境中的人们以希望、勇气和力量。他就是《人生不设限》的作者，澳洲年度青年楷模尼克·胡哲。他用年轻的生命证明了，一个没有四肢的人，也照样可以对别人甚至对这个世界很重要！

要寻找这种例子，一点都不困难，可以举出一大串名字来，海伦·凯勒、霍金、史铁生——如果你要寻找那些躯体健全的人，相信你可以找出更多的例子。当然，最好的例子，还应该是你自己。

每一个人都不应当漠视自己对于周围世界的意义和作用。

我，真的很重要！

不能总抱怨待遇问题

谈起教师待遇，只有一种声音最容易获得喝彩，就是叫苦叫累叫穷。不独教师职业，任何行业都是如此。医生、警察、军人，哪个认为自己的工作不苦不累？哪个认为自己的待遇已经够高了？哪怕是那些企业高管，也觉得自己的待遇远远不如自己的贡献大。据报道，有的国企高管年薪已经达到一百多万，在人们纷纷攻击他们的时候，他们还言之凿凿地说，和世界同样的大型企业相比，这个待遇还算是低的。

没有人觉得自己的劳动价值得到了完全的体现，没有人觉得自己的薪酬和待遇已经足够，不需要再增加和改善了。你要是说足够，你准会成为行业中千夫所指的人。所以，即使真的足够，你讲真话也是会冒极大的风险的。

作为中学教师，我深知教师工作的辛苦。我觉得，和一些行业相比，教师的待遇还大有再提高的必要，我也希望我们教师，不仅是在名分上是“太阳底下最光辉的职业”，更在待遇上是“太阳底下最让人羡慕的职业”。

但是，我在这里说的，不是如何争取提高物质待遇问题，这个问题不会因为我等普通教师的一通议论或者一番呼吁而有丝毫的改变。我想说的是，我们的一些教师，要让自己幸福和快乐起来，就不能总是抱怨待遇问题。

我知道，如果有人提到我们要少讲待遇，这个人必然是容易招致骂名的。我们教师中不乏偏激极端者，他们喜欢抓住片言只语，歪曲你的观点，然后像网络上的那些愤青那样对你劈头盖脸进行一顿攻击，不让你遍体鳞伤不罢休。所以，上海建平中学的冯恩洪校长在接受《班主任之友》杂志采访的时候，谈到如何克服班主任的职业倦怠，他指出："要提高自己的需求层次。我们不能老是将自己的需求层次停留在物质层面，而是要往精神层面推。"他还说："说这些话，有些班主任可能会骂我，站着说话不腰疼，现在物价这么高，房子这么贵，我们能不担心吗？"

我看，这不是"可能"，而是"必然"，只是这些骂声或许冯校长不容易听到罢了。

教师需要美好的生活，就必然需要一定的物质保障、一份较好的待遇。教师对物质的追求和关注无可厚非。但物质上的享受和追求是无止境的，我们的职业特点决定我们过分追求物质财富既无必要，也不现实。学校不是企业，教师很难像企业里的工人一样完全"按件计酬"，也不可能像小商贩一样，每天晚上可以回家数着当天的收入。

我们应当承认，近些年来，教师的待遇正在逐步得到改善，甚至可以说是巨大的改善，我们应当对此心怀感恩。尽管我们现今的待遇依然和一些行业存在较大差距，但我们不能只抱怨和不满。

把幸福和快乐都寄托在关于物质生活的抱怨和等待上，注定无法持久。好久不加薪，你会不快乐；加薪幅度不大，你又不高兴；大幅度加薪，过了一段时间，你又渴望再加薪，假如无法如愿，你又不开心。欲壑难填，物质上的追求，要想得到满足，是遥遥无期的事。

精神追求不一样，精神追求要得到满足，非常简单，而且途径多样，你可以有许多种选择。上好每一堂课是快乐，和每个学生交朋友是快乐，坚持写教育教学随笔是快乐，听到家长的赞美是快乐，得到同事的肯定是快乐，发表一篇论文是快乐，论坛上你的文章得到好评是快乐，评上骨干教师和名师是快乐，和一些优秀的同行交流后获得新的感悟是快乐，突然想到一个解决难题的办法也是快乐……

心理学研究证明，一个人从物质上的刺激得到的愉悦是短暂的，而精神上的追求得到的愉悦，则是持久而强大的。只要你下定决心去追求精神上的愉悦并持之以恒，这种快乐就会源源不断地向你涌来，将你包围。我们要学会改善自己的职业心态，升华自己的职业追求，拯救自己的职业生命，提高自己的职业生活质量，实现自己的职业生命价值。

我始终觉得，一个闲下来就研究自己的工资单，和别人坐在一起就要抱怨待遇不够的老师，尽管可能有高超的教学水平，也可能在课堂比赛中拿个好看的奖杯，也许还能用一些教学技巧和智慧博得学生的好感，但他绝对不可能成为一个真正的名师，甚至不可能成为一名真正意义上的好老师。一个教师如果没有了精神上自我超越的追求，他就不可能培养出精神丰满或者卓越的学生来。

并非每个学生都单纯善良

两年前，一位班主任给我打电话诉苦，说自己都被家长和学生气死了。听得出，她几乎是哽咽着说的。

在批阅作业时，她发现一个女生的作业本中夹着一张纸条，是这位女生写给一位男生的，内容之露骨和肉麻，据说是“不堪入目”。

班主任找到这位女生，女生承认是自己写的，也承认自己和那位男生有了异常亲密的关系，并痛哭流涕地保证在高考结束前保持距离，把握分寸，努力不影响学习，只是希望不要让她的母亲和姐姐知道。这位女生的母亲离异，她随母亲，但平时住在未成家的姐姐家里。

由于女生此后依然故我，班主任把那封信交给了她姐姐，让她管好妹妹。

想不到，过了一段时间后，女生和那位男生依然故我，而且对班主任的态度也比较恶劣。班主任叫来女生的母亲，把女生不爱学习、陷入恋爱的事告诉家长。家长毫不犹豫地说，我的女儿不可能干这种事。

班主任找来女生及其姐姐，想不到，她们两人也都矢口否认曾经承认给男生写过什么纸条。那位家长于是“得理不饶人”，气势汹汹地指责班主任不懂教育，并说今后再歧视她女儿，损坏她的名声，将向教育局领导反映。

班主任最初是震惊，之后是愤怒，继而是悲伤。她几乎崩溃。她哭着对我说："我终于明白了，世界上居然有这样的家长和学生。"

我问她，你当初为什么不把那张纸条暂时保留着呢？为什么不让女生写一份过错认识书呢？你看，现在不是被动了吗？

她说她没有想到会有这样的学生，而且是自己班级的学生。

她的话是对的。自己班级的学生，怎么会如此无耻地对待自己的老师呢？

其实我们也不用惊讶。学生尽管天生是单纯善良的，但是，这并不意味着他们每个人现在依然如此。学生是变化中的人。这个变化不仅是生理上的，还有心理上和品行上的，不仅有往好的方面变的，也有往坏的方面变的。高中生，大都已经十八九岁，他们接近成人。他们接受了多年的真善美的教育，但也接触了多年的生活中的假恶丑的影响。加上每个人的家庭背景、个人经历和价值取向不一样，有的人坚信奸诈投机之道，有的信奉正直诚信之道；有的追求崇高，有的追逐卑鄙。他们并不是每个人身上都始终流淌着真善美的血液。

我们不能患上教育幼稚病，以为每个学生只要还未完全走出校门，就会始终单纯美好善良。我有一个未必崇高但是自觉很现实的理论：社会上有多少丑恶，我们学生中就有多少丑恶的雏形或萌芽。需知道，社会上的丑陋能够得以绵延千年而不绝，这绝对不是因为学生迈向社会之后一日之间变坏的，而是他们在大学、中学甚至小学的时候就被种下了丑恶的种子。至于是谁种下的，这个问题不是我这篇文章所要讨论的。

我要说的就是，并不是每个学生都单纯善良。那种高唱学生都是天使、老师要无条件信任他们、不要以成人的世故的眼光看待他们，甚至不允许教师对他们有丝毫怀疑和防备的论调，只能说是教育的理想主义者，而不是现实的行动主义者。他们患了教育上的妄想症或者单相思。

教育高调是谁都会唱的，但并非谁都有能力解决所有这些教育的实际问题。

我在政教处工作多年，每年都要接触大量学生，特别是问题生。那些犯了错误的学生，特别是盗窃、破坏公物、打群架或者逃到校外去上网的学生，到了教师办公室，少有人一开始就坦率承认的。他们中绝大多数学生都是先矢口否认，忙于推卸责任，或者编织谎言来欺骗你。

所以，教师要给自己留一点退路，要懂得保护自己。同时，也要用一些智慧来教育那些冥顽不化的学生或者带着些丑陋的萌芽的学生。

最近，在调查学生破坏公物的问题时，两个学生本来都承认自己破坏过洗手间的门并写下了事情经过。后来，两个人先后跑到德育处，矢口否认自己做过这个事情，并说自己当时写这些东西是被老师逼的。政教处主任气得几乎吃不下饭。这件事，我始终是参与其中的。幸亏当时我们是三四个人一起处理的。但是，这两个学生居然如出一辙地采用了无赖甚至无耻的方法，否认自己亲笔写下的东西。我们怀疑是受了家长的教唆。果然，一调查，发现他们给家长打过电话，其中一个还是知识分子家庭。

这两个小孩得到的指点是：无论如何，千万不要承认就是了。

这就是成人的奸诈和智谋。

他们已经学会了，或者说被“教”会了。

我并不认为这些学生天生就是邪恶和丑陋的。我只是想再次表明我的观点：只要这个社会上那些丑陋丑恶的东西没有消灭殆尽，我们的校园里就不可能全是单纯的声音和身影。

丑陋，绝不仅仅是一夜之间长大的。

理当比学生深刻一点

在学校举行的教学论坛中，一位三十来岁的女教师说了这样一句话：我们年轻的时候，有许多优势可以去吸引学生，但是，当我们不再年轻的时候，我们靠什么去吸引学生？我觉得我们只能依靠深刻。

她的这句话，当时引起了同事们一片会心的笑声。

她说出了一个普通而深刻的道理：老师应该比学生深刻一点。这个道理，适用于所有教师，不仅仅是不再年轻的教师。

教师比学生高明之处，绝不仅仅在知识的“量”上，比这个“量”更重要的是“质”。

这个质就是深刻。深刻，不仅是指做学问的深度，而且指为人处世的高度和气度，还指凡事总能够比人家多一个角度。

教师理当比学生深刻一点。

一位教师和学生发生冲突，学生怒目而视，教师也是。教师问：“你想干什么？你想动手？”这位学生也不示弱：“你想动手？你动手试试看？”

“你敢碰我一个指头，我就让你退学！”

“你动手，我就告你让你下岗！”

师生之间的对话已经进行到这个地步，教师到底有多少“深度”早已经一目了然了。

一个深刻的教师，是绝不会允许自己和学生僵持到这种地步的。他像下棋一样，每走一步，都要至少想到三步之后的棋局。他不会跟着感觉走，而是让感觉跟着思想走，让行动跟着思想走。他总是走在前面，看到学生还没有看到的地方；他总是沉入底端，看到学生无法到达的地方；他总是站在高处，看到学生想都没有想到的地方。

深刻怎么来的?

不是一蹴而就的，这里有经历、经验和学习的原因，但更重要的是思考的原因。帕斯卡尔说过，“人是一根能思想的苇草”，“我们全部的尊严就在于思想”，“正是由于它而不是由于我们所无法填充的空间和时间，我们才必须提高自己”。一个凡事不假思索的老师，一个只会依照别人的吩咐来做事的老师，是无法让自己深刻起来的。深刻，需要一颗会思考的脑袋。

我自己有过难忘的经历，它提醒我：即使现在，作为一个工作了十五六年的老教师，我还是经常会犯肤浅的毛病。

学校团委布置任务，要求捐款。我对班级同学说，学校捐款，每个人要捐压岁钱的百分之一。

同学们惊讶地说，啊，百分之一？我没有压岁钱怎么办?

我说，每个人多少会有压岁钱。

那我没有100元呢?

我说，那你捐多少自己定吧。大家要自愿，不要攀比。但是，我觉得，大家应该有爱心。

那天，我很忙，而且，我也的确觉得，这个事情不是事情，我知道班级团支书会组织捐款的，我只是顺便在班级里说一下，下意识地提醒自己算是“重视”这个问题了。

想不到，当全校各班级的捐款都汇总之后，我看到了，还是非常吃惊。我的班级只有60元。

我的班级人数不多，只有28名学生。但是，只有60元，这显然是一个很小的数目。而同样和我班规模差不多的一个班，捐了800多元。

有老师说，我们班级学生穷，没有几个家境好的，所以少了。我也想以此作为借口。我的班级学生的确家境不好。

当我对自己班级的这次捐款进行深刻的反思之后，我明白，这不是家境的问题，这是我工作肤浅的问题。我无意在捐款上让学生去攀比，我也从来就觉得不必要让各个班级进行捐款比赛，但我的确没有思考过这次捐款本身对我的学生的教育意义和价值。我的肤浅，导致了教育的肤浅和学生情感的淡漠。

严格来讲，校团委这次捐款是为了给学校里的贫困生成立一个基金。学校其实也并不是缺这个钱。团委也没有通过班主任来做这个工作，而是直接通过各班级团支书做工作的。

我们班级虽然有许多同学家境不算富裕，教室里却每天产生许多垃圾，有大量的可乐瓶和牛奶罐子，还有许多食品袋。走进班级，就不难看到，一些同学的桌子边放着许多零食，还有的同学每天喝三四瓶饮料。如果学生真的贫穷，怎么会有吃大量零食喝大量饮料的习惯？如果学生真的动了真情和爱心，怎么会连一个苹果或者一瓶饮料的钱都不肯捐献？

我明白自己把原本深刻的工作做得肤浅了，于是向团委书记道歉。

日本地震海啸之后不久，我想过让同学们学会宽容和爱。我没有想过要组织学生捐款，因为我觉得，我们的许多同学都不会接受为日本灾民捐款的做法。

我利用语文课给同学们观看了日本地震的照片，和同学们一起探讨了我们该对日本地震持何种态度，我们谈到了宽容对手，谈到了中日数千年的历史友谊，谈到了铭记历史不必要延续仇恨，谈到了冤家宜解不宜结，谈到了日本人为救中国研修生而牺牲了自己的家人，谈到了日本灾民和我国的汶川灾民一样不幸，谈到了韩国连最反日的激进分子都为日本捐款，谈到了在灾难面前我们都是人类，都是生命。

结果，许多学生都几近哽咽。会后，班干部主动倡议为日本灾民捐款，并特意又在第二天制作了课件，播放了灾情和世界各地对日本的捐款等情况。大家也谈到了每个人可以少喝一瓶可乐，给灾民一瓶矿泉水；可以少吃一个苹果，给他们两个面包。同学们都慷慨解囊。我们28个学生加上我自己，捐了700多元钱，同学们还去动员一位老师捐了款。

同样的捐款，一次是为身边的贫苦同学，一次是为历史上有过仇恨的国家。结果，反而第二次更慷慨。学生还是学生，他们还是那么单纯善良美好。但第一次，我作为班主任，对问题的认识和学生一样是轻描淡写的，只是把捐款当作捐钱，而不是教育；第二次，我把捐款当作教育，当作我们自身灵魂和思想的一次提升，结果就大相径庭。

我知道，第二次，我的教育触动了学生的内心，激发了他们的同情心和悲悯心。他们中有的人一开始也对日本人有些仇恨，但后来纷纷捐款。我想说的是，这次捐款，我把捐款箱放到了教室后面，让同学们背靠背捐款，不需要签名，也不需要写数目，没有人知道你究竟捐了多少，纯粹是自由的、自愿的、“秘密”的捐款。

事情的不同，全在于老师的深刻与否。老师的高度，决定了学生的高度；老师的境界，决定了学生的境界。老师有多少深度，他的学生就很难超过他的深度。

曾经接触过一位激愤的学生，这位学生到处找学校领导反映某老师的不良师德，要求更换老师。其中一个事例是，在班级同学为家中遭受火灾的某学生捐款的时候，这位一贯爱在学生面前吹嘘自己丈夫如何有钱、婆婆家如何有地位、自己身上的名牌有多昂贵的女老师，居然只捐了50元钱。而该班学生中，有许多人捐了100元以上。这位学生说，这种人还有脸在我们面前吹。

不管这位同学是出于何种原因如此憎恨她的老师的，有一点值得我们警惕：当一位老师的深度连许多学生都看不起的时候，她就再也无法享有一个老师的尊严了。

老师，还是要比学生深刻一点。

当老师再次成为学生的时候

老师们在一起，总要唠叨学生的问题。唠着唠着，就会唠叨起学生的课堂表现来。

“有的学生简直是猪，一上课就睡觉！”

“啊呀，这些学生，怎么这样不想学习，我们当初谁来逼我们读书啊，全靠自觉啊！”

“读书是他们自己的事，可是好像变成了老师的事，他们感兴趣，就听一点，不感兴趣，就喝水说话了。”

“真不知道，他们到学校里干什么来的？”

……

有老师们聚集的地方，就有这些恨铁不成钢的抱怨。

我喜欢从多个角度来审视问题。我发现，一些老师，不必说他当学生的时候是什么样子的，就看他当了老师之后又成为学生的时候是什么样子的，你就可以发现一些有意思的东西。

有许多机会参加各种类型和级别的培训班。有时候是自己给别人做讲座。给老师们做讲座的时候，我发现，如果你上课得法，你的报告足够精彩和深刻，绝大多数学员是能够安安静静地听完你的报告的。如果你在十多分钟里面，缺乏一定的深度或者生动性，那么，就会有一些老师开始坐不住了。当然，有部分老师，无论你是生动还是不生动，他们都会在你讲座开始的时候来一下，匆忙地和别人说几句话，然后，就不见了踪影。有时候，也会有个别老师，自始至终在座位上讲个不停，待到你讲得生动了，大家都笑了，她仿佛才醒了过来，然后，急忙问身边的老师，刚才都讲了什么了，你们怎么都笑了。

更多的时候是自己作为一名学生坐在下面听课。听来自大学院校、研究机构的专家，听教育行政部门的领导，听中小学校长和一线教师给我们讲课。

在我看来，真正精彩的讲座并不多见，三四天的培训中，如果你能够听到一两个令你耳目一新，或者说有醍醐灌顶之感的讲座，那就是件幸事了。一些授课者，大而无当或者内容空洞，徒做一些文献的综述、摘抄或者概述别人的研究成果，毫无自己的独特理解。不过绝大多数讲座，只要你用心去听，是可以学到些东西的。尽管授课者的表达能力和风格有好有坏，但是作为一个负责任的授课者，他总是努力将自己最精华的部分呈现给听者。所以，每次听课，我都会有些收获。有一次，我在杭州听陈立群校长的讲座，陈校长亲自兼任班主任，他对教育问题的看法异常深刻，语言简洁凝练，惜字如金。我听得激动万分，在本子上密密麻麻地写了许多东西。和我一起听课的一位老师说，听了一场讲座，你可以写好几篇文章了。的确，受到这位校长的启发，我回校后，就整理成了几篇小文章，其中一篇还发表在《人民教育》上，一些地区的教育局和学校还特意组织班主任们就我的这篇文章开展了学习和讨论。

这些年来，我结交了不少勤奋好学的老师。他们一边听老师讲课，一边看下发的书或者自己带来的书，一旦发现讲课老师的一些好的观点和案例，他会倾耳恭听，然后做一些笔记，一旦发现自己已经了然的或者听起来的确是泛泛之谈的内容，就看自己的书或者写自己的东西。这种善于利用培训的每一分钟时间的老师，必定是一个内心充实、目标明确、谦虚好学的老师，也一定是一个懂得自我管理、自我规划的老师。我每次看到这些身影的时候，心里面就会想，这样的老师站在讲台上的时候，一定更像一个老师；这样的老师行走在教育的路上，一定比别人走得更快、更好。

作为教育者，不难明白一个道理：无论是牺牲了休息日被迫来学习的，还是专门由学校准了假外出学习的，老师们能够重新坐在课堂上当一名学生，都不是一件容易的事情。作为教师，无论是给老师们上课，还是去听别人上课，都应当十分珍惜并投入。当你认真上课，你就不会浪费听课者的宝贵时间；当你认真听课，你就不会浪费自己的学习时间。

遗憾的是，有的老师并不明白。他们参加培训，在培训名单上签了名后，就跑出去找当地的朋友或者亲戚；或者，就躲进宾馆看电视；或者，就找个地方去泡澡；或者，就去逛街；或者，就去喝酒；或者，就找风景点逛名胜去了。也有一些留在课堂上的老师，有的忙于低头打电话或短信聊天，他打电话的声音甚至盖过了上课老师也毫无察觉；有的老师穿着拖鞋，随意进出培训班；有的则忙着讨论彼此的衣服和孩子。我曾经在宁波的高中语文教师培训班中见识过一位女教师，在两天的培训中，她始终处于亢奋状态，无论上课的是国内著名的课程理论专家，还是在当地颇有建树和威望的资深专家，她和身边的人都有说不完的话。讲课老师和我们身边有几位老师实在无法忍受，不断地往她们的角落里看，她们却视若未见。遇见这样的老师，对于听课者和上课者，都是一件不幸的事。对于她们的学生而言，或许，更是一件不幸的事。

和宁波大学培训机构的负责人以及一些授课老师们谈起一些听课老师的事情，大家都颇有感慨。一个老师失望地说，我昨天晚上准备到深夜一两点，今天报到的时候有三十多个人，管理的老师点名之后，我开始讲课，不到十分钟，就只剩下十来个人了。有老师无奈地说，有人在下面打手机，有人在下面说个不停，大家都是老师，你又不好意思去提醒他，只好自顾自地讲课了。培训机构的负责人也无奈地说，你不查笔记吧，一些老师就根本不听课，你查他们笔记吧，有的人会一个人同时给两三个老师做笔记，最后，还是流于形式。这位负责人还说，干了这么多年培训工作，感到有的地区和学校来的老师，就特别勤奋认真，从来都少有人缺席，而且校长带头，三天时间，没有特殊情况，一直坐在下面听课，她还列举了一位在学科教学上颇有建树的校长，这位校长平时经常到省内各地做学科讲座，三天时间一天都没有请过假。这位负责人又说，也有一些地区和学校呢，逃课、缺课成风，而且，个别学校的领导的名字经常都是老师们代签的。

在老师们重新以一名学生的身份坐在课堂上的时候，我们发现，一些老师并不像他自己要求学生那样，能够珍惜时间，勤奋好学，甚至，连作为教师应该遵守的师德修养和基本礼仪都没有顾及。一些老师对待学习的态度和他自身所表现出来的修养，还不如他自己深恶痛绝的那些学生。

这样的一些老师，如何在课堂上面对他们的学生？如何能够指望让他们承担起除了传授知识之外的其他的更重要的教育责任？他们又如何有资格在茶余饭后对学生的种种不是“高谈阔论”？我不得而知，奇怪的是，只要你用心去观察，对学生最是厌恶痛恨的老师，通常也是那些自己都不爱学习，也最不像一个老师的人。

想想我们自己的一些老师在培训课上的表现，真的很有意思。一个老师再次成为学生的时候，如何在讲台下听课，就可以知道他在讲台上的时候，会是一个怎样的老师，就可以知道，他的学生现在是怎样的，若干年后，又将会怎样。

高跟鞋与《声声慢》

有一次听课，听的是李清照的《声声慢》。

执教者着一超短裙和高跟鞋，不停地在教室里面走动，发出“嗒嗒嗒”的声音。这种刺耳的声音和整个诗词意境格格不入，这节课自然上得枯燥乏味。这位老师在事后抱怨说，学生没有预习充分，所以课堂气氛不好。

她没有意识到，她的那双高跟鞋，也是一个重要的干扰项。

李清照，想必是一位亭亭玉立才华横溢的弱女子。词中的她更是哀怨忧郁、愁肠百结。读此词需要的是安静的环境、哀怨的心境、幽幽的目光、低婉的话语。这是一种来自古典诗词的美。这位老师却用极富现代感的高跟鞋一下子把这种古典韵味给冲淡了。她“嗒嗒嗒”的鞋声，舞动的裙摆，把学生原本宁静的心境给搅乱了。“声声慢”变成了“声声急”“声声脆”。心无法安静，情感就无法投入了。课堂效果不佳，也就并不意外了。

恐怕很少有老师关注过上课和穿着的关系。以为穿着只要好看就行，这好看，又是穿给自己看的，是自我的感觉。尤其是一些执教公开课的老师，以为穿得漂亮就好，没有想过如何穿才能更好地促进学生的学习。对教师而言，判断她穿着得体与否的“重要他人”不是领导，而是学生，她的学生。教师穿着打扮，首先就是要想想：学生看到我这样的穿着会怎么想？我的穿着会给他们什么印象，他们是更喜欢我，还是心生反感？我的打扮给他们以健康高雅的审美情趣的引领，还是追逐时尚的冲动？我的打扮是否符合学生对老师这个职业的期盼和判断？我的穿着是有利于学生对本学科本堂课的学习，还是相反？

学生在学校学习，需要一个良好的成长环境。这个环境包括树木、花草、建筑、文化提示语等，还有一个重要的部分，就是教师。教师的言行举止、穿着打扮，都会对他们的心灵成长产生潜移默化的作用，这是每个老师所不能疏忽的。在2008年5月，为四川灾区八万多亡灵举国哀悼的日子里，在所有的网站和报纸都一律变成哀伤的黑色的时候，有一位老师却穿着鲜艳的裙子，戴着金光闪闪的项链，香气扑鼻，出入课堂全没有一点庄严肃穆的哀悼气息。结果，就有学生在日记里表现出了对这位老师的不屑。这是老师对自己穿着的职业特点和要求了解不够的缘故。

有的老师没有注意到，学生正处于青春期，富有想象力，善于追赶时髦，对异性特别敏感，但同时又尚未完全具备独立的审美意识，而且这时候学习压力较重，抗干扰能力又不强。一旦教师穿着比较暴露，学生就容易想入非非，对他们的上课形成干扰。我高中时，就有一位老师穿着当时非常流行的健美裤，上身配短衣服，穿一双当时极为流行的颇为夸张的高跟鞋，曲线分明，凹凸有致。男生们对这位女教师既恨又爱。有学生上课的时候，把一根尺子绑在桌脚，女教师走过来，就丈量出了她的鞋跟之高。这个恶作剧，在我们20年高中同学会上，再次被人提起。我们对那位老师不失敬爱，但是，我从事教师职业后才明白，这是老师不注意仪表而给学生留下的一个不必要的“永恒记忆”。

2009年高考，第一场语文考试结束，我们站在某考点门口迎接学生。几个学生走出来，就对我们诉苦说，他们的监考老师，涂着浓浓的香水，穿着高跟鞋，在考生中间走来走去，甚至还在考场里修剪指甲，他们都烦死了。我们立马向有关部门领导反映此事，及时制止了这个现象。有领导解释说，这次出现问题的监考老师是小学老师，他们以前从来不监高考，所以也不知道高考的重要性。

这其实不仅仅是小学老师有没有参加过高考监考的问题。更多的老师，包括初中、高中乃至大学老师，恐怕没有意识到，自己的穿着和学生的成长有着何等密切的联系。

而且，绝大多数人考虑的仅仅是教师穿着对学生思想道德方面的影响。鲜有人考虑过，教师的穿着打扮会对学生的学习、对教师的教学效果产生影响。

老师的打扮要符合个人的学科性质和教育教学内容，这样才能促成高效课堂的实现。体育老师西装革履给学生上投掷课会给人什么感觉？英语老师穿着中山装扮演圣诞老人上美国的节日文化会是什么样子？在唢呐高吹、锣鼓声声中朗读韩愈的《祭十二郎文》，又将是多么的别扭！

在上述例子中，学生在学习《声声慢》的时候，需要一种典雅庄重的学习环境，需要一个典雅庄重的老师。教师打扮得花枝招展是不适合词境的。一个穿着超短裙和高跟鞋，浓妆艳抹、万分性感的女老师在教室里“嗒嗒嗒”地走着，如何能够让学生感受到人间最朴素最真诚的亲情、最落魄最凄苦的处境和最悲苦最辛酸的心境？

有许多理由来驳斥对教师的穿着进行过分限制的行为。以人为本、尊重人性、张扬个性等等，任何一个理由就足够了。但如果我们承认自己是一名教师，而教师在工作期间，需要遵循一种符合职业特点的穿着要求的话；如果我们承认我们的课堂教学效果、学生的学习效率和老师的个人形象息息相关的话，每天清晨，我们站在镜子前选择衣服鞋子的时候，就一定会慎之又慎，不再像过去一样随心所欲。

教师走进教室，就成了讲台上的风景，成了教育教学的一部分，也成了学生成长环境的一部分。我们的学校，在我们的老师们，特别是年轻的老师们走上讲台之前，应该告诉他们这一课，免得他们走了弯路，跌了跟头，自己都浑然不觉。

不仅仅是同情和惋惜

说说一个同事吧。

他的名字叫张玉珠。大家都习惯叫他阿珠。

阿珠是一个有着女孩子名字的陕北汉子。他年长我一岁，我当政教主任的时候，他当教务主任，我们经常一起探讨工作，成了彼此知心的朋友。后来，他担任办公室主任，我正在主持一个省级重点课题“中学励志教育的系统研究”，我请他写一篇生物教学中渗透励志教育的文章。他要走了一些励志教育方面的资料，然后，写好了给我看。我看后，觉得很好，仅仅在语句和结构方面提了点小建议。他后来告诉我，在《中学生物教学》上发表了，六千多字的文章呢，在核心期刊发表，谈何容易。可见阿珠是花了不少力气写这篇文章的。

没有想到的是，年仅39岁的他患了肝癌，而且是晚期。

2009年暑期，学校搬迁，他在新校区加班，半个暑假都在加班。他和身边的人说，腹部有些疼痛，要去看病，但那段时间，学校忙，他一直没有去医院。直到8月份台风“莫拉克”来临之前，他终于忍受不住疼痛，请假到医院检查，发现已经是肝癌晚期。

所有的语言都无法形容他那时内心的痛苦和绝望。从确诊那天开始，学生物的他早已知道，自己来日不多。他拒绝昂贵的治疗，拒绝流于形式的挣扎。

我们曾经陪他去杭州艾克肿瘤医院看病，之后，带着他乘车绕西湖游了一圈。那时，桂花飘香，他感叹说，西湖真美啊。他说，一年前，还和妻子儿子一起骑着自行车在这里游览呢。他又说，自己的耳垂这么大，相学上说，当是有福之人，怎么会如此短寿呢？

我们听了之后，就忍不住要流泪，却不知道该如何安慰他。

他内心里的绝望，我们都能听懂，只是我们真的无能为力。

那个每次拍照总是伸出两个手指的阿珠，那个喜欢打乒乓的阿珠，那个从来不会拒绝别人的阿珠，那个很少将心里的郁闷向人倾吐的阿珠，那个默默无闻地为学校做了大量工作的阿珠，不久将离开我们了。可我们却如此无能为力！

那天吃中饭的时候，他的妻子说，谢谢你们，真的谢谢你们，百忙中抽出时间陪他出来看病。

这时候，阿珠叹了口气，用浓重的陕西口音说："大恩不言谢。"

他的这五个字，突然令我心酸。

大恩？我们作为同事和朋友，能够承受得起这几个字吗？

我们为他做过什么？

是的，我们打过电话，去看过他，偶或给他发过短信，也陪他上过医院。仅此而已。对于一个生命垂危的人，一个因无限留恋生命而无比伤感、敏感、脆弱的人，我们的这点人之常情的做法，能给他多少安慰？

阿珠得病后，同事们都说很想去看他，但不知道该说什么话，不知道是不是会打扰他，不知道他是不是喜欢别人去看他。于是，许多人最终没有去看他。大家都想，对于一个绝望的人来说，或许所有的安慰都毫无意义。

我们一直在说，要关爱教师。当他们遭遇人生巨大的不幸的时候，当他们行将离开这个世界的时候，当他们最需要关爱的时候，我们陡然发现：我们居然还没有学会关爱一个弥留之际的同事！我们竟然不知道自己究竟可以为一个同事的临终关怀多做点什么。

2009年11月10日，阿珠终于要回他西安的老家了。

那天，我却因为家里的事情而耽搁了，没有能够到医院去为他送行。

听说，那天上午，许多老师去和他道别。他瘦骨嶙峋，躺在床上。一位老教师无限悲哀地握住阿珠的手，不断地抚摸并拍拍他昔日充满活力而今骨瘦如柴的手，一言不发，泪如雨下，旁边的老师们无不落泪。

这是真正的生离死别，生人做死别。

谁都知道，这次他的离开，将成为永别。

我们大家都没有办法帮他战胜病魔，真的没有办法。

刘亮程说："每个人都在自己的生命中，孤独地过冬。我们帮不了谁。"

我现在终于深味了这句话的苍凉和沉重。

阿珠在回老家半个月后，就离开了人世。

阿珠走后，不到半年，就是2010年的五一节，我校的一位数学教研组长，在病榻上和癌症斗争了两年多后，也无助地走了。我永远也忘不了最后一次和其他同事一起去医院看她的样子。她靠在高高的枕头上，冷漠地注视着我们，任我们如何安慰她，和她说话，硬是不说一句话。一向乐观的她，患癌后依然坚持说笑的她，这时候居然对我们的安慰视而不见。她冷漠的表情，让我们几位都备感凄凉和不知所措。回来的路上，大家都说这种眼光让人很难受。具体什么感受，我们说不清。我总觉得，那是一种再也不需要任何安慰的语言，那是一种看透了人情冷暖和人事兴衰的目光，那是一种对生活、对人们已经彻底失去了信心和兴趣的目光。

尽管学校领导和同事们都很关心她，纷纷去看她，在经济、物质上都尽量替她分担一些困难，但她还是走了。

我再一次感受到一个身患绝症的人的无助，还有我们这些同事朋友们的无奈！

不只是我们，我们的民族亦是如此。我们自古以来虽然特别注重死后的葬礼和祭奠，但是，当一个生命处于最痛苦的那个阶段，居然那么缺乏临终关怀的传统和智慧。

难道，当一个人真正面临大灾难大不幸的时候，他身边的人，真的只剩下无能为力或者不知所措？

陪着阿珠从杭州看病回来后，我们就商量，该为阿珠再做点什么。我们最后想到，组织老师们为他捐款，算是减轻他家庭的一点经济负担；另外，组织老师们给他送祝福和关爱，让每个同事都给他写一封信或者一张小纸条，由女老师们折成千纸鹤，送给他，供他在病痛之余，能够有一点精神上的慰藉。这后一点，是我们以前从来没有做过的，我相信，在最后的岁月中，他看着同事朋友们的一行行字迹的时候，内心一定曾经有过一些温暖。听说，某老师在纸条上高度评价了他为学校所做的贡献，他在病床上对这位看望他的老师说，谢谢你这样肯定我。他对学校的贡献和付出，老师们都知道，可是，我们谁都没有想过，他是多么希望在自己离开这个世界之前，有人给他一个肯定、中肯的评价；而我们绝大多数人恰恰错误地认为，对于一个不久于世的人，任何肯定和赞美是多么的微不足道。

生老病死，是谁也无法抗拒的规律；人生无常，不管我们愿意与否，一所几千人的学校，总难免会有教师或者学生面临诸如此类的巨大灾难。病魔从来不会因为你是敬业的教师或者勤奋的学生，就对你另眼相看。

我们或许该坐下来，好好思考讨论一下，我们今后将可以为这样的老师或者学生做些什么了。我们应该让更多的老师知道，在我们这个团体、这个大家庭中，当一个人面临困难的时候，面临巨大的不幸的时候，我们大家可以有计划有系统地开展哪些充满人文关怀和人情味的关爱行动。

我还想说的是，据报载，处于亚健康状态或者患心理疾病的教师，所占比例居高不下。所以，我们不仅要在关爱病危的老师方面多做些文章，我们更要在平时如何关爱老师、关注老师的健康方面多做些文章。我们还可以广拓思路，教会我们的老师如何关爱自己，如何关爱学生，如何关爱身边的人们，如何关爱每一个生命……

当一个鲜活的生命、一张熟悉的笑脸，行将从你的身边永远消失的时候，我们可以做的，绝不仅仅是同情和惋惜，一定还有更多更多的选择……

思考的美丽

乍暖还寒的时节，我匆匆走过教学楼。暮色中，一位学生拿着书本站在教室外的走廊上。

看见我走过，他微笑着响亮地向我问好："老师好。"

我问他："你为什么站在这里？"

他不好意思地笑笑说："我犯了错误。"

我往教室里看，他的班主任正坐在讲台上，里面灯火通明，温暖安静。而这外面，初春的风，有些寒意。他就靠在柱子上借着亮光做作业。

是不是因为晚自修迟到了？

他笑笑点头。

我很惊讶，一位被老师罚站的学生，居然能够带着微笑向身边经过的不认识的老师问好。

我继而感动：多么可爱的学生啊！他的心里面，没有仇恨，没有怨言！

这件小事让我想了很久，也想了很多。

我想到了老师的幸福感问题。你看，当你用这种极为简单的方式对待学生的时候，学生不但不反抗，还会笑着向人问好。老师面对的是多么纯洁可爱的一个群体啊。试想一下，如果我们是店主或者服务员，如此对待顾客，顾客还会带着微笑吗？假如我们自己被领导如此对待的时候，我们还会带着微笑向身边的人问好吗？我们老师，真该为自己感到庆幸呢。当我事后在一次班主任会议上把这件事情告诉老师们的时候，老师们都深有同感地笑了，我发现，那是感悟到幸福的甜美的满足的笑。

我想到了老师的教育方法问题。老师是不是该多替学生想一想，站在暮色的寒风里，如何能够做作业？他因为迟到而被罚一个人站在外面，他的内心究竟会怎么想？他会不会受到不必要的伤害？我们老师是不是可以有更好的处理办法？

我也想到了教师的成长问题。教师的成长是一个过程，自有其规律，有其不可逾越的阶段。没有一个教师可以一举成功或一夜成名。教师在成长中不可避免会犯一些错误，这些错误或多或少会给学生带来伤害。但是不是可以努力避免对学生直接的心灵伤害？是不是可以尽量减少教师成长过程中对学生的伤害？是不是可以在班主任或者年轻老师上岗前，进行有关教育方法和教学艺术的培训和交流？老师在成长过程中犯些错误是不要紧的，关键是老师一定要及时明白自己的错误所在，而且最好提前预见和避免不必要的教育失误。所以教师要懂得反思，每天反思一下今天的教育工作中究竟有多少过错和失误。事实证明，一个懂得反思的老师，容易比别人站得更高，看得更远，走得更快更好。

我还想到了学生的心理心态问题。学生被罚站了，为什么居然还能微笑，还能主动向老师问好？学生单纯的心里面，究竟装了多少类似的经历？是不是学生都习以为常了？他为什么不抱怨？如果我们的老师一再以这种方式来对待他们，他今后还会不会有灿烂的笑容和响亮的问好？作为学校，理当让学生继续拥有这种纯洁灿烂的笑脸。

我还想到了老师和学生的关系问题。学生遭受了老师批评后，尚且能面对别的老师问好并微笑，我们的老师呢？我们的老师是不是因为心情不好就对学生横加指责，轻易就迁怒于学生？我们能不能做到像学生一样阳光灿烂？我看到的是，我们有不少老师每天都锁眉蹙额，一脸严肃，让人看了就感觉到寒冷和压抑。有些老师见到学生问好，居然能够面无表情地走过去。你看，连一个笑脸或者一声回答都不肯给学生。这样的师生关系，究竟是不是健全和谐的师生关系？这样的老师，和那些把工人当作赚钱机器的毫无人性的冷血工头有何区别？学生是不是替老师赚分数的机器呢？

……

一个被罚站的学生的简单问候，让我思考了许多许多。

我始终觉得，教育的美丽和快乐，很大一部分来自于思考，教师的深刻也通常源自思考。

对于一个爱思考的人，他可以从生活的点滴中得到许多有益的启示。所谓“登山则情满于山，观海则意溢于海”。一个老师，如果连自己都情感干瘪、全无意趣、惰于思想，他怎么去发现纷繁复杂的世界背后的智慧？怎么去读懂一群群内心世界极其丰富的学生？如何去做好一个引领学生精神成长的导师？好老师应当学会经常从师生交往的细微之处去思考，从校园生活的点点滴滴中去思考，思考教师的角色和责任，思考教育的目的和艺术，思考教育生活的崇高和美好，思考学生精神世界的角角落落……

《论语》中提到过一件很有意思的事。孔子的学生陈亢曾经问孔鲤：您从老师那里听到过不同的教导吗？孔鲤告诉了他：一天，孔自己快步走过庭院，孔子问他，你学过《诗经》吗？孔鲤回答，没有。孔子说，不学《诗经》，不会说话。孔鲤于是回去学《诗经》。又一次，孔子问他，你学过礼吗？孔鲤回答，没有。孔子说，不学礼，在社会上就难以立足。孔鲤于是回去学礼。陈亢回去后，高兴地说，问了一件事，得到三个收获：听到学《诗经》的意义，听到学礼的好处，又听到了君子并不偏向自己的儿子。陈亢是一个有心人，他能够从一个问题中，得到三个收获。一个善于思考的大脑，总是这样能够轻易地从身边的琐事中获得许多真知。

人类一思考，上帝就发笑。一旦开动了思想的机器，我们自己就会像清澈的湖水一样，哪怕一滴雨水、一阵微风、一颗松子、一朵落英，都能够在我们的心中激起思想和情感的涟漪。那时候，开心地笑着的，不仅仅是上帝，更是我们自己，我们自己的全部教育生活。

教师如何避免贬值

和一些同行朋友聊天，常能听到关于投资的话题。

随着教师地位的提高和待遇的改善，越来越多的教师手有余钱并开始对投资感兴趣。有的教师朋友，在各地有多处房子，还有的和别人合作经营商店，都收获颇丰。

时下，面对一蹶不振的楼市和股市，面对变化无常的黄金市场，这些对投资感兴趣的教师们，握着手中的余钱，却不知道该投资什么了。

或许，该考虑投资于自己的专业提升了。

毫无疑问，近些年来，作为一种职业，教师是升值了。但作为个体的教师，却随时面临着贬值和被淘汰的危险。

这个贬值和淘汰，既有显性的，更有隐性的。显性的，如一些学校，特别是在私立学校，部分教师因无法胜任教育教学岗位，被调离一线或者调离学校甚至被辞退。隐性的，指一些教师尽管还站在讲台上，但他在家长和学生心中的地位每况愈下，甚至已经“教师不像教师”，毫无职业价值和尊严可言了。这是一种隐性的“淘汰”，一种事实上的“贬值”。

教师遭遇贬值，原因是多方面的，而且正是这些原因导致教师贬值速度越来越快，贬值的风险越来越大。

其一，师道尊严的弱化。社会对师道尊严的认识和理解越来越客观和理性。人们把教育和教师当作一种服务性行业和职业来看待。他们重教，但并不盲目尊师，他们通常只尊重好的教师。学生的平等意识也在增强，不再盲目地对教师心存敬畏。教师的精神地位和待遇，不再依靠传统的权威来维系，而是主要依靠自己的人格素养和专业能力。教师自己没有水平，就难以获得旁人的尊重。

其二，教育需求层次提升。二十多年前，人们追求的还只是让孩子“有书读”，只要认得几个字不是“文盲”就好了。知识经济时代，知识就是财富。家长们开始追求让孩子“读好书”，他们希望自己的孩子能进最好的学校，遇到最好的老师，接受最好的教育，因为这样才会有更好的前途。遇见滥竽充数的南郭先生，他们是要“造反”的。

其三，教师岗位一“职”难求。在很长一段时间内，师范院校只能“屈尊”降分招生，那时“家有五斗粮，不做孩子王”，有能力的人宁可当工人，也不愿意当教师。如今，师范大学多数专业本科录取分都在重点线以上，而每次教育人才招聘会都人满为患。说教师职业稳定，一些不能胜任的教师也依然还能“高枕无忧”，实在是沾了些体制的光罢了。

其四，教师的知识优势难再保持。在教育普及率不高的年代，教师认得几个字，就受人尊重了。家长们习惯对教师说：“我家孩子不听话，你尽管打吧。”随着高等教育普及率的不断提高，家长的综合素质也越来越高。他们对教师的教育能力、教学水平都会进行独立的思考和判断。另一方面，网络时代，学生获取知识的渠道也越来越丰富多样，他们不再是比教师无知的个体，而只是一个个和教师有着知识结构差异的个体，教师依靠一本教参和一点经验来“忽悠”学生，势必难以为继。

其五，知识更新周期缩短。在口耳相传的农耕时代，我们可以依靠“半部《论语》治天下”，依靠“一桶水”来当老师。在知识经济和网络时代，我们需要源源不断的活水，这些活水包括知识、能力，还包括自身的修养、积极的心态、正确的价值观、科学的教育理念和思想等等。不及时更新，我们这桶水很快就将发臭，被人厌弃。

其六，教育竞争日益加剧。百年大计，教育为本。教育大计，教师为本。国家与国家之间、地区与地区之间、学校与学校之间，教育的竞争日趋激烈。教育的竞争，归根结底是教师素质和能力的竞争。教师如果没有足够的“干货”，难免有被淘汰的危险。

综上所述，教师职业不再是个“铁饭碗”。教师一不小心就会贬值甚至被淘汰。

经济学上说，人是生产力中最活跃的能动的因素。作为教师，我们把多余的时间和精力甚至金钱，投资于自己的专业素养，可以确保自己不贬值甚至持续增值。这远比投资于房产和股市来得重要。

关键还是学习。

两千多年前，荀子就已经提出了“学不可以已”的终身学习观点。孔子更是说过“思而不学则殆”。我们时常发现，有的教师多年来“以不变应万变”，抱着一点可怜的经验，敷衍着一批又一批的学生。他们从来没有好好看过几本书，没有认真听过几场报告，甚至没有仔细听过几堂同事的课。有的教师，一个例子从20世纪举到21世纪，以至于她的每一届学生都知道那个老掉牙的故事和那套早已被人厌倦而她却视若珍宝的经验。

一些教师为何终日抱怨学生越来越难管，书越来越难教？恐怕不是学生的问题，而是他自己的问题。自己不善学习，自然跟不上时代和学生的变化，到最后黔驴技穷，只剩下对学生恼羞成怒了。

讲到学习，方法很多。比如，多听课就是最直接的方法，从别人的课堂中，你能够发现自己的不足和别人的长处。比如，多向身边的同事讨教，每个人都有许多值得你学习的“秘诀”和“绝招”，博采众长，你就“卓然而立”了。比如反思，反思是向自己学习，向经验学习，是自我成长最快的方式之一，叶澜教授就说过，“一个教师写一辈子教案，不一定会成为名师；如果一个教师写三年的反思，就可能成为名师”。再比如，科研也是很好的提升自己的途径。申请一个课题，认真加以研究，不必在乎获得几等奖，你就可以系统获得某方面的大量知识和能力。甚至你也可以不必申请课题，只需用研究的眼光审视每天教育生活中的一个个问题，把每个问题当作课题来思考，深刻分析原因，探索有效的解决方法和途径。你就远非那些出于“经验”甚至“本能”和“直觉”来工作的教师可比了。

最简单、最常用也最实用的学习方法，还是读书。教师要尽早养成勤读书、多读书的好习惯。读着读着，你会发现，许多你所面临的看似无法破解的“难题”和不可雕的“朽木”学生，在世界的某个角落里，一些同行早已经遭遇过，并且已经有了比较妥善的解决办法了。

“吾尝终日而思矣，不如须臾之所学也”，你真正明白这个道理的时候，你就真的感受到学习的意义和乐趣了，你也就一定不会再对学生深恶痛绝了，也不会对自己的职业日久生厌了。

至于教师该读什么书为好，我想，在有限的空余时间里，还是多读点专业类的为好，励志类的书籍也有必要读一点，它可以让你保持良好的精神状态。当然，如果一个教师真想读点书而又明白为什么要读书，他自然就知道该读什么书了。

谈到读书，总会有人说没时间。请不要总说自己没有时间。你的周末和假期呢？你坐在电脑前看无聊的新闻或者和人聊天的时间呢？你关注股票涨停的时间呢？你在网上淘宝的时间呢？你用来抱怨和发牢骚的时间呢？你打麻将或者喝酒的时间呢？你不是习惯于指责学生不爱学习却爱寻找借口吗？何不也以此来指责一番自己呢？教师自己不爱学习，如何教学生学会学习？教师自己不爱读书，如何教学生热爱读书？

一位特级教师说，当一位教师把读书看作和吃饭一样重要的时候，他就永远不会没有时间读书了。

真是一语中的。

过不重复的教育生活

学校正门口有18根旗杆，我们每个月都要在学校门前举行升降班旗活动。上个月综合考评出色的班级，获得下一个月的升班旗资格，在每月第一周举行隆重的升班旗仪式；原本获得升班旗资格的班级，如果下一个月考核未能进入年级前列，则要举行一次悲壮的降班旗仪式。

这项富有创意的活动，一开始大大激发了各班级同学和班主任的积极性。同学们在第一次升班旗时都特别激动，有的甚至流下了热泪。但过了几个月，我就发现，一些班级多次获得优胜班级后，升班旗开始流于形式，学生队伍也不整齐了，站姿也乱了，表情也不严肃了，有的低声说话，有的在开玩笑，全没了当初的那种庄重和激动。

一个班级邀请我给他们授旗并讲几句话。这是一个优秀班级，已经举行过多次升班旗仪式。我接受邀请之后，就反复想，我要说些什么，才能让他们对升班旗这种教育方式继续保持一种激情和神圣感呢?

最后，我告诉他们四句话。

我说，同学们，我希望大家在内心里要对自己说四句话：我很珍惜，我很优秀，我很重要，我要更好。

接着，我分别对这四句话做出阐释。

“我很珍惜”，就是我们来到这个优秀的班级，这个全校最好的班级，有一个非常优秀的班主任，有一批非常优秀的同学，我们将在这里快乐出色地走过三年，我要好好珍惜。

“我很优秀”，就是我们这个班级居然每次都赢得升班旗资格，这证明我们每个人都很优秀，只有每个人都优秀了，才能够赢得这个升班旗的资格；只有每一个方面都努力比别人做得更好了，我们才有这个升班旗的资格。

我问同学们，第一次赢得旗帜容易吗？不容易！同学们回答。你们激动吗？激动！

第二次继续赢得升旗资格呢？是不是更不容易？

是！

第三次呢？

更不容易！

第四次呢？是不是又更加不容易了？

是！

第五次呢？

你们这是第五次了，而且是每次都保持住了。我们说，打江山容易，守江山难。你们守住了，而且，连续五次守住了！容易吗？

不容易！

那么我们是不是很优秀？

是！

我们是不是应该比第一次更加激动？你们难道不觉得此刻应该更加激动吗？

是！

是不是应该为自己鼓掌！

同学们响起了热烈的掌声。

接下来，我告诉他们，他们班级对于学校来说，意义重大，他们每个人都肩负着学校的希望。天下兴亡，匹夫有责。我说，学校兴衰，你们有责！当你觉得自己不重要了，你就真的不重要了，你就会自暴自弃为所欲为了；当你觉得自己重要了，你就会处处对自己高要求，时时对自己严要求，你就会真的对学校对别人举足轻重了。

我还问他们，你们每个人是不是已经做到最好了？

他们响亮地回答："不是。"

那么，我们是不是还有没做好的地方？是不是可以做得更好？

他们说："是！"

我说，我相信，你们这样优秀的人，一定知道自己可以在哪些方面做得更加优秀，一个知道自己不足并努力去克服的人，才是一个可以不断走向卓越的人。

我最后对同学们说，记住这四句话，祝你们永远做一个更优秀的自己！

同学们报以热烈的掌声。

班主任是一位优秀的女教师，她的班级已经多次获得过升班旗资格。她表扬我说："你的口才真好，你看同学们的情绪多么激动啊，我们很少想到会这样对学生说的。"

的确，我也看到了同学们的情绪被我调动起来了。他们的脸上洋溢着自豪，而不是许多班级升班旗时的那种无所谓的神情。

和一些老师一样，这位班主任说我口才好，我并不认同。我听过许多教数学、物理、化学的名师的讲座，他们的口才远比我的好。我知道，所谓"口才"，其实不完全是"口"的问题，更是“心”的问题，是你的思想和认识的问题。一天前，她邀请我参加她们班的升班旗仪式的时候，我就决心要给她的学生一次全新的讲话。我知道，学生升班旗久了，就会丧失新奇感和神圣感。我也知道，已经有许多学校领导被邀请到她班级讲过话了，如果我讲的和他们大同小异，那么，这只能增添学生的厌倦感。所以，我决心从不同的角度讲，努力让他们找回激情，找回庄严感。我选择了讲这四句话，就是要他们时刻不忘拼搏进取的热情。事实上，也收到了理想的效果。如果我也漫不经心地随便讲几句，我相信他们的激情不会被我点燃。

值得自豪的一点是，在一些班级渐渐对升班旗失去热情的时候，我的班级却依旧保持了最初的激情。我班连续四个月获得升班旗资格，我们每一次都认真对待，精心组织，而且在主持人、议程等方面不断推陈出新，所以每一次都庄严隆重，激动人心。在第一次升班旗的时候，我班同学和家长都眼含热泪，这一情景被《人民教育》记者写进了长篇通讯中。在第五次升班旗的时候，我们依旧无比神圣和庄严，同学们高喊班训，庄严地行注目礼，齐唱班歌，依旧有一些同学眼含热泪。恰好全国班主任专业化培训会议在我校召开，一些来自全国各地的班主任和校长观摩了我班的升班旗仪式。一位来自外地的校长惊讶地问：“你们的高中生怎么会如此单纯，升班旗都还会流眼泪？我们的初中生都已经不会感动了。”

面对他的惊讶，我毫不惊讶。我听多了一些关于学生冷漠无情的抱怨。在我看来，学生冷漠的背后，和教师自身对工作的冷漠不无关系。教师习惯于把每天的工作当作机械的毫无创造性的劳动，日复一日地重复着“昨天的故事”，热情全无，激情已消，诗情枯竭，倦怠感也就产生了。当教师自己都厌倦自己每天的教育教学工作时，他如何还能够拥有感染学生、打动学生的魅力呢？

当诚信问题已经成为一个严重的社会问题的时候，许多老师面对学生的作弊问题束手无策。他们除了一遍遍地告诫或者威胁学生不要作弊，否则要处分之外，别无他法。我于是在班级里进行了整整一年的诚信教育实验。每逢学生默写或者单元检测，我就给学生讲一个诚信故事或者在黑板上写一句温馨提示语。一年中，我进行了三十多次这样的教育活动，而且每次都不同，给学生留下了深刻的印象。我的这届学生，没有一人在平时的检测和正式考试中作弊。每次测试的时候，我根本不必盯着他们，他们自觉地独立做题，我则看自己的书或者写自己的文章。我后来向学生调查这项实验的效果时，一位同学如此写道："厉老师每次考试前，在黑板上写一句话提醒我们，我们就会想，这次，厉老师会写句什么话呢？"还有一位同学写道："老师对我们如此信任，而且用心良苦，每次都给我们不同的提醒，我们作弊了，会感到对不起老师。"

学生的话告诉我们一个朴实的道理：过不重复的教育生活，才能享受到教育的精彩和快乐。

我把这次实验过程记录下来并投稿，想不到，被《中国德育》刊登了。

巴班斯基说过，"教育劳动的一个典型特点是不允许有千篇一律的现象"。苏霍姆林斯基也对此有深刻的体会，他说："刻板公式、一律化，像铁锈一样腐蚀着教育过程的精细的机体，这是最有害的现象之一。"教育工作原本应该是极富有主观性和创造性的愉快劳动，我们的许多老师却让它变成了一种单调枯燥的重复劳动，久而久之，自己厌教，学生厌学，师生相看两生厌，恶性循环不止。每天的教育生活，自然就成了一种煎熬乃至慢性自杀。

教师不要总是抱怨压力太大，学生太顽皮，也不要总是抱怨教育体制不好，评价机制不合理，如果你自己能够从今天开始尝试着过不重复的教育生活，你就一定能够发现一种全新的职业感受，也能发现一个全新的卓越的自己。

让教育
回归常识

让教育回归常识

一位领导来校视察，看见一个班级门口赫然写着：怕吃苦莫入此门。他说，这种口号，最好不要挂在门上，素质教育要倡导快乐教育、快乐学习，怎么能强调苦呢?

几天之后，班主任就把这句话撤下了。

我不曾去问这位班主任，当初为什么要在门上贴这么一句话，取下来时心里又是怎样的真实想法。我总觉得，他的心里面未必毫无涟漪。

这位领导的话，确有其道理。如果一再渲染学习之苦、校园生活之苦，而我们教育者除了教学生吃苦之外，就没有别的本领，特别是没有让学生感受到学习和校园生活的快乐的能力，那么，我们给学生的，只能是陈旧落后、简单粗暴的教育，是沉闷压抑、扼杀人性的教育。这和过去动辄拿出戒尺来敲打、恨铁不成钢的教育并无二致。从这个角度来说，“怕吃苦莫入此门”就成了一种拒绝教育革新、拒绝快乐乃至反对素质教育的一种极好的借口。真正懂教育并忧心于教育的领导，一定不会赞同这种态度和作风。

但如果这位班主任是一位富有教育理想的班主任呢？他是看到现在的学生意志薄弱，精气神柔弱，因而以这种方式呼唤一种强者精神的回归呢？如果是这样，我们为什么不可以尊重他的思考并鼓励他在这方面进行积极的探索呢？

承认生活的苦难、培养吃苦精神和追求生活的快乐、倡导快乐学习，并不矛盾。素质教育要培养的素质，就应该包括这两个方面的内容。素质教育的一个要义就是要引导学生全面发展，我们培养的学生如果单纯懂得追求快乐，却不敢面对生活的艰难和学习的艰辛，那我们的教育还算不算真正的素质教育？

“生产”精神柔弱的一代，并不符合素质教育的目标。

我确信那位教育专家出身的领导并非不懂得这个道理。他所担心的只是教育的落后和落后的教育。我在此也无意对领导的意见发表什么意见。

我想说的是，我们任何教育改革的倡导者、拥护者和实践者，首先自己要有一个客观、理性而全面的教育观，不唯上，不唯书，不赶时髦，不拘形式，要懂得坚守，坚守教育规律，坚守教育常识，坚守自己的教育理想。

2010年，我有幸在不同的场合听过杭州上城区教育局周培植局长和江苏教科院成尚荣老师的讲座，令我惊诧的是，他们两位都反复强调一个观点：回归常识。

这四个字的分量很重。

随便翻开教育杂志，可以看到太多关于教育的高谈阔论，里面充斥着各种时髦的或者晦涩的教育术语。有的人为了另立门派，或者说标新立异，不惜创造各种噱头式的术语。特别是一些著作，你看看那个题目，看看一些名人写的序，也许兴致勃勃，可是拿来翻阅之后，除了一些抓人眼球的标题之外，实在没有什么真正的“高见”。教育的浮躁，已经走在了商业的浮躁之前。教育界的“超女”“超男”们正在一个个诞生，他们并无新颖超前的教育理念，无过人的实绩，也无出色的教育能力，他们在一帮幕后推手的操纵下，层出不穷地提出一些貌似空前绝后的教育新词汇、新观点、新理论。

也有一些人，热衷于单纯研读上级文件和解读领导讲话精神，今年倡导这个，明年倡导那个，不必说这个和那个之间风马牛不相及，就是相互矛盾也无所谓。他们心中毫无自己对教育的理解和坚持，把教育视同于政治，一旦领导创造出什么新词汇，他们不仅自己立马以此为题来申请课题，在一两年内便推出“丰硕的成果”来，而且，还动辄要求别人也“践行”这种政治解读式的教育。曾有教研员，领导今年外出学习发现目标教学法很好，他就立马在全地区推行目标教学法，明年领导看人家的那个先学后教法很好，他又立马要求老师们立马实践那个先学后教法。他自己从来不给老师们上示范课，一下去就热衷于查老师的教案，用一大串时髦的术语来教训和“指导”老师。可怜那些老师们，由于不大懂得领导的意图，也不像他那样有机会外出学习、听报告接触各种时髦的术语，所以，被他“指导”了之后，就觉得自己观念落后、方法陈旧，不会上课了。教育不小心又成了某些人捞取政治资本的工具。

近年来，社会上流行一个“炒”字。炒股、炒房、炒煤矿、炒大蒜、炒绿豆、炒盐……据说，这都是“民间游资”在作怪。一些手中有余钱的人或者公司，四处联系媒体、明星和一些所谓的权威专家乃至一些领导作为代言人，播发一些危言耸听的消息。比如，今年刚性需求在增加，市场供应严重不足等等之类的骗人信息，误导老百姓们拿可怜的那点积蓄去争抢他们的产品。待到他们把老百姓的钱都抖进了自己的口袋，就志得意满，抽身而走。

教育上，是不是也有这么一些类似的现象？是不是也有一些类似的“炒客”？

看一看我们几十年来的教育史，就不难发现，我们有太多的教育时髦，有太多的教育新词汇，有太多的教育“创新”，有太多的教育“流派”，我们的教育流行词汇的更新速度堪称世界一流。单从字面上来看，甚至论文上来看，我们都已经堪称世界教育强国了。现实如何呢？我们的教育依然落后，依然创痕累累，依然有太多的疑难杂症让我们束手无策。

100个新颖的词汇，实在不如一个现实的解决办法。教育要做的不是盲目跟风，更不是急于创造各种新词汇，而是要老老实实研究并遵循它的规律，探索它的发展趋势，解决各种现实的教育问题。陶行知、叶圣陶、于漪老师、霍懋征老师等等，哪一个是教育时髦的追逐者？现在我们缺乏的不是跟风的教育者，而是像他们一样懂得坚守的教育者。

教育和经济、政治、社会等的关系，自有大家们作深刻的权威的说明，我无意再做赘述。以我的浅见，也提不出什么新颖深刻的观点来。我只是说，教育要和经济、政治、社会等各方面保持适度的关系，要为它们提供应有的、合适的服务。教育更应该保持它自身的特点，遵循它自身的规律，坚持它自身的追求，守住它自己的土地。我们的教育太容易低头，太容易弯腰，缺乏吴非老师所说的“不跪着教书”的骨气。

且慢去创造发明什么新词语新术语。我们要做的是，让自己努力对教育的本质、目的、任务和现状乃至出路等都要有一个比较成熟的深刻的认识和理解。我们要经常思考一下“教育究竟是什么？”“教育到底为了谁？”“教育应该做什么？”这样一些最本质也是最重要的问题。我们先把这些问题想通了，想明白了，想透彻了，就不大会盲目跟着文件和时髦走了。我们的内心里会少一些功利和世俗的浮躁气，会多一些沉静、淡泊和坚定。我们依然能够与时俱进，但并不流于形式，更不会轻易放弃教育的基本立场去迎合一些非教育的东西。

还是回到题目来。“怕吃苦莫入此门”并非那位班主任的首创。据说，在民国时期黄埔军校的大门口，就写着两句话：贪生怕死莫入此门，要图轻松另寻他处。李希贵校长在20世纪90年代末担任高密市第四中学校长的时候，就在学校正门两侧赫然写上学校警言：怕苦累莫入此门，图轻松另寻他处。李希贵校长以此把生活的本质和教育的意图揭示得“一丝不挂”。中学无论如何“减负”和“改革”也难以改变学习苦和累的现实，素质教育无论如何“快乐”也难以回避学生意志薄弱、害怕吃苦的现状。需知道，李希贵校长和教职工们一起确定这个警言的时候，正是20世纪末全国上下齐喊素质教育、痛批“传统”教育的时期。李校长这种不媚俗的勇气，令人钦佩。

这就是教育家的底气，也是教育家的大气，更是教育家的硬气！

只有懂得坚守的人，才有这种底气、大气和硬气。

如此，怕吃苦莫入此门，就应该理直气壮地让它挂在门上。

少一些功利为好

教育恐怕是越来越功利了。

越来越多的学校，开始邀请一些校外人士来学校做报告。但请的都是些什么人呢？大都非高官即教授，非名人即老板。有的讲座简直不忍卒听，枉费老师和同学们的一两个小时的宝贵时间。可学校为何还是乐此不疲呢？他们觉得，讲座的人优秀了，学生就优秀了。更主要的是，他们从来就只想着要让学生出人头地，挣大钱，当大官，却没有考虑过要教会学生做一个守法的平凡的快乐的公民，他们不知道这也是教育的一部分。

所以就出现了只有精英上讲堂，未有贫民进课堂的现象了。其实，精英永远只是一小部分。平民教育才是我们教育的根基。我们为什么不邀请工地上开挖掘机的、砌墙的、做木工的和街头小巷那些补鞋的、卖菜的，甚至扫地的进课堂来？他们或许无法教给学生如何走向卓越，但是，他们可以告诉学生，如何有尊严有道德地活着。教育不能只向上看，还需要，并且更需要经常向下看。就如同一个人走路，只看前方或者只仰望星空而不看看脚下，委实有些危险。

素质教育倡导学生全面发展。一些学校是如何让学生全面发展的呢？你原本是各科均衡发展的，但我校需要你在数学方面为学校竞赛成绩做贡献，于是就让你一周额外上四五节课学习数学。为了确保竞赛有一个好的结果，学校只能撒开大网，原本只需要选择七八个人参加辅导和竞赛的，却选了四五十个甚至上百个。广种薄收，对学校来说，至少是一种安全的方式。窄种，说不定就只能歉收甚至颗粒无收了。不过，颗粒无收的时候也一定有，只不过这时候，学校会向那些幼稚的孩子和朴实的家长们解释：你的孩子虽然没有获奖，但是时间没有白花，对中考或者高考大有裨益。果真如此吗?

一个人的时间和精力是有限的，一个人的均衡或者全面发展很容易被这种魔鬼式的畸形训练所伤害。一位朋友的孩子写作能力非常强，我曾拿她小学五年级时候的文章读给我的高三学生听，学生佩服不已。读了初中以后，她被学校专门抽去参加两三门课的竞赛辅导，没时间看书，写出的文章如今已平平淡淡矣。每当谈及此事，这位朋友就懊悔不已，他说，我怎么当初就不勇敢地对学校说一个“不”字呢?

有多少学校，正在做着类似的竭泽而渔、以学生的畸形发展来换取自己的所谓“全面发展”的假象呢?

听体育界的一些同行说，现在许多级别的体育竞赛中，有太多的造假现象，这个学生根本不在你这里读书，比赛前几个月，只要办理一下有关学籍证明就可以了，甚至时常会有一些大学生枪手前来替考。你不难发现，有许多学校，无论是数理化竞赛、文娱节目比赛，还是体育竞赛或中考高考，好像全面兼顾、全面丰收，殊不知，这背后是以尔虞我诈的方式或者让一部分学生畸形发展的方式来换取的。我在多所中学工作过，一些学生偏科现象极端严重，我一调查，发现他们在初中或者小学的时候参加过某某级别的比赛获过什么奖励，我就明白所以然了。他们自己和父母谈起“当年勇”的时候还眉飞色舞，提起现状则叹息不已。

我不忍心告诉他们这两者之间的因果关系，我更不愿意告诉他们，最大的肇事者和获益者，是他们还自以为为之创造过辉煌的“母校”。学校人多，学校权力又大，要营造一种全面发展的假象，实在简单，只要让每个人畸形发展就是了。

教师也是如此。一些教师，喜欢依据家长的身份地位来区别对待学生，家长到你这里来送过见面礼或者来拜年了，就对他家孩子好一些，有的家长经济窘迫或者不善逢迎，就觉得对自己不尊，对他的孩子不闻不问。

有一位老师在平时与同事交往中可谓锱铢必较，对学生更是如此。哪个家长没有到她家里去“进贡”过，她就会抓住孩子的一点小事情，把家长找来，说，你看看，你的孩子这种样子，你也不关心，你什么时候主动到学校来关心过孩子的教育了？你平时给我打电话了吗？哪有这么当家长的？只要是聪明的家长，自然心领神会，马上会采取相应的“补救”措施。这位老师的学生毕业后，喜欢看望别的老师，却不喜欢看望她，她还有怨言，说自己的学生真没有良心，自己为他们付出那么多，却不去看她。这真让人觉得可笑，自己种下的恶果，还能够怨谁呢？

更多的老师则是“眼中有分，心中无人”。学生在他们眼里，只有一个分数，对别的一概不感兴趣。学校规定你这个班级要考上10个重点大学或者高中，他们就锁定15个目标，或者最多20个重点对象，这些人被称之为“重点生”或“临界生”。除了这些，其他人则只要不在班级里吵闹，就不理不睬。他们做不做作业，上课听不听得懂，都一概不管，反正和考核无关。另外，只要分数好的学生，就厚爱有加；学习差的，就视之为（也常称之为）“垃圾”“白痴”，给足冷眼和白眼。这种依据分数来评判人和区别对待人的态度，和那些嫌贫爱富的商家有什么两样？

有个故事多年来一直让我感动不已。杜鲁门当选美国总统不久，一位客人造访了他的母亲说："有哈里这样的儿子你一定感到很自豪。""是这样。"杜鲁门的母亲回答，"不过，我还有另外一个儿子，也同样使我感到自豪，他现在正在地里挖土豆。"

这位母亲让我肃然起敬。母爱之所以伟大，或许正在于她的毫无功利性。她把每个孩子都视为自己的生命，没有尊卑之别，没有贫富之辨，没有高下之分。孩子成功了，她为他祝福和自豪；孩子失败了，她也为他难过和伤心，但是，她绝不会轻易就抛弃自己的孩子。这就是母爱，无私的母爱。每逢母亲节，一些监狱或看守所就会推出母亲节活动，让犯人给母亲打个电话写封家书，或者让母亲到监狱来看望和鼓励孩子。因为他们深信，真诚无私的母爱能够感化或者拯救一个个误入歧途的灵魂。

教师习惯以"一日为师，终身为父"来要求学生对自己敬若父母，学校也喜欢以"母校"的称呼来和毕业生进行告别。我们可曾静下来，好好反思一下，我们的所作所为，是否配得上"父母"这样伟大的称呼?

2012年，有一件事情值得历史铭记，南京大学提出，110周年校庆将"序长不序爵"：不看官衔大小，以长幼排序。这值得每一个办学者学习。

愿这样的"母校"越来越多。

无须神秘化

在分管学校德育工作的时候，我曾主持召开了关于教育惩罚问题的班主任工作专题研讨会。

几位老师做了主题发言，之后大家讨论，然后我总结。

在老师们主题发言的时候，我突然想到：既然是谈对学生的教育惩罚问题，为什么不听听学生的意见呢?

说干就干。我马上请团委书记王老师去找部分学生座谈，调查一下学生最不喜欢的惩罚方式，以及他们对教育惩罚的看法。

半个多小时后，王老师带着一个学生代表上来，让他听我们讨论教育惩罚问题，然后，我们让他发言，谈谈同学们对教育惩罚的看法。这位看起来稚气未脱的男孩子，很沉稳地谈了几点：一是惩罚的时候要顾全面子，不要让同学们太难堪；二是惩罚要人性化，不要机械地抄写许多遍或者体罚、辱骂；三是惩罚的措施最好能够和学生商量，适当征求学生的意见，老师不能随心所欲；四是尽量不要动辄找家长，把矛盾扩大化；五是惩罚要适度，不要过分严厉。

同学们的意见，赢得了班主任的热烈掌声。

这件事经过报道后，有些同行见到我说，你们这个做法很有新意，让学生参加教育工作研讨会，真的很好，也很有必要。

他们显然明白我们的意图。一切学校教育活动都是直接和间接地为学生服务的。少了对学生的关注，把学生关在门外来研究教育工作，研究出来的所有自认为高明的方法和策略都是自作聪明式的纸上谈兵。

我惊讶于以前想当然地把学生拒绝在教育研讨会的门外。以前，我也喜欢和同事们一起在办公室里探讨交流问题生的转化办法，如果这时恰好有学生进来，我们立马就紧闭了嘴唇，待到学生出门去，才又重拾话题。我们显然有着强烈的“保密意识”，觉得军机不可“泄密”，一旦“国之利器”被学生知道了，我们就“江郎才尽”“黔驴技穷”了。

有了这种心理，在上课的时候，老师看见学生用教学参考书，就会收上来，说：“你先听课，这个是给老师用的，不要看，要听老师讲。”在教师看来，学生一看教学参考书，自己就“露馅”了，不神秘了，学生会发现原来老师就是在照本宣科。上课使用多媒体，明明学生已经答对了，甚至比参考答案更精彩，只是在文字表达上稍有出入，教师还是要故意卖关子，要往自己的答案上去“循循善诱”，然后，“啪”地一点击，打出标准答案来，让学生记录，显示出自己的技高一筹。

想起那个著名的《雪化了之后》的故事。老师问学生雪融化了之后是什么，有学生说是“春天”，多好啊，老师却说是错的，因为，他的答案是“水”。大凡见过雪的人都知道，雪融化了之后会变成水，可是，老师却把这个问题拿出来“考”学生，这个问题本身就显得多余甚至愚蠢，可老师在听了学生的那么富有想象力甚至充满诗意的回答之后，居然否定了，而自己最后的答案，竟然只是“水”，实在令人大跌眼镜。

这个故事，用来描述那些喜欢在学生面前勉强以知识权威自居的老师来说，实在是太形象了。如果我们再幽默一下，可以再续写这么一个故事：此后，又有老师在课堂上问学生，雪化了之后是什么，同学们纷纷举手回答说“水”，老师一一摇头，同学们一时不知所措，最后，老师很得意地在黑板上写了两个字“春天”。然后告诉同学们，你们看，雪融化之后，是不是万物开始苏醒了，是不是美丽的春天来了？这个答案是不是更美啊？

这又让我想起“不到天安门就没到过北京”“不到布达拉宫就没到过西藏”“不上明珠塔就没到过上海”“不到喀什就不算到过新疆”等等诸如此类的广告词。我们的一些老师不少时候就很有这种自夸的意味：你看，和我的标准答案相差几个字，这就是老师和学生的差别，这就是差距！

在传统的教育情境中，老师是课堂的主导者，是教育教学活动的设计者和组织者，老师利用自己的话语权，在一帮乳臭未干的孩子们面前故作高深，以维护自己的权威地位，实在是容易不过的事。

教育是师生间相互交流并在交流中共同提高的心智活动，不是简单的一方对另一方的信息输出和知识传授。教育需要一些有效的策略和手段，运用一些智慧和艺术的方法和途径，来激发学生的好奇心、好胜心、好学心。可是，所有的这些，都应当建立在对学生的了解、熟悉、尊重和关切的基础上，并且只有让学生乐于接受，才能把我们的期待和要求最终转化为学生自身的精神财富。如果教育除了学生的成长和发展之外，没有别的什么不可告人的目的，也没有教育者和学校的不可示人的特殊利益。那么，教育问题的研究和探讨，乃至学校教育的许多方面，都不该缺少学生的身影。

以前我们习惯于让学生“回避”许多教育研讨活动，不外乎这些原因：一是老师在讨论问题的时候，要说一些“爽气”和

“解气”的话，学生在，老师就不好意思说了；二是怕学校或者老师的一些“特殊利益”和“特别意图”被学生知道后，无法得到实现；三是怕学生知道后，教育失去神秘感，让教师失去了权威感和尊严感，因而教育就不灵了。

所以，多年来我们习惯于把教育神秘化：家长和教师通电话，尽量不让学生知道；召开家长会议的时候，也尽量支开学生，不让他们在现场；每次评课活动，只有上课老师谈自己如何精心设计，听课老师评哪里精彩哪里不精彩哪里又该如何就会更好，唯独没有一个听过课的学生的身影和声音；有学生问老师问题，老师明明不知道，还会故作深沉地反问一句，“你说呢？这种题目，你自己再思考一下，应该会明白的”；学校要研究出台一些新的学生管理制度，或者要开展一些教育活动，通常也只是几个管理人员反复开会通气、讨论，还要求老师们统一口径，在学生面前哪些不能说，哪些能说，生怕说漏了嘴，学生知道了“真相”，不配合执行学校的决策……

我不是希望教师和教育的绝对透明，也不主张所有问题都向学生敞开，在法制尚不非常健全、社会对教师和教育的评判并不十分客观公允的环境下，教师、学校和学生、家长之间，并非在所有问题上都是利益一致的。而且，也并非所有教育问题都适合向身心并未完全成熟的学生敞开。作为教育部门，作为教师，关起门来做一些问题探讨，也是有必要的。

然而，在日常教育教学上，在绝大多数时候，我们还是可以，也应该透明一些，教育也理该坦荡磊落些。这不仅是因为可以更好地探索出真正适合学生的教育，更主要的是，可以培养出具有独立精神和思考能力的一代合格公民，可以培养出真正的学习的主人、知识的主人、生活的主人、社会的主人、国家的主人和世界的主人，是的，培养主人，而不是相反。我们不能再回到那个盲目崇拜个人权威的年代了。

喜欢魏书生老师的做法，凡事都明明白白、坦坦荡荡地和学生“商量”，未见有故弄玄虚之举，这是一种真正民主和平等的教育，也是真正开放的、坦诚的、自信的教育，自然，也是高效的教育。让学生以主人的身份参与到教育教学问题的讨论和研究中来，教育就真正扎到泥土里去了。

假如我是校长

若干年前，我给学生一个作文题目，“假如我是______”。学生交上来的作文，内容丰富多样。有的写“假如我是父亲”，有的写“假如我是市长”，有的写“假如我是老师”，有的写“假如我是班主任”。他们都从孩子的视角，写出了自己对这个角色的理解和期待，其中不乏新颖和深刻的见解。

一名学生写的是“假如我是校长”，颇让人震动。

文中写道：“假如我是校长，我一定会深入学生，听听学生的心声；假如我是校长，我会开设许许多多的选修课，让他们充分发挥自己的特长；假如我是校长，我一定会经常在食堂和学生一起吃饭，看看学生吃的是什么，如果发现菜里经常有虫子，一定会责令食堂好好整改；假如我是校长，我一定会在期末考试前的一周，依然保持上体育课，让学生活动好放松好，以便更加投入地复习；假如我是校长，我一定处事公道，不会按照家长的关系和学生的成绩来排班；假如我是校长，我一定会让老师们都戴校徽，禁止老师在校园里抽烟，因为要求学生做到的，老师自己一定先要做到；假如我是校长，我一定让每个教室里摆满鲜花绿草，让学生有一个美丽的学习环境……”

文中观点，虽有失之于片面之处，但就整体而言，从学生的角度，道出了一个好校长应有的一些特点，或者说，道出了学生对校长的期待和要求。

我把文章复印下来，告诉学生，我准备把他的文章给校长看看。

事后由于多种原因，我终究没有付诸实施。

不过，作为一名教师，我对校长也是有期待的。

我在多年前也写过“假如我是一名校长”这样的文字：

假如我是校长，我一定要让每个寝室都有自己的风格，而绝不禁止学生在墙上张贴自己喜欢的各种书画；我一定尽量多地待在学校，而绝不像一些校长每天几乎不见人影；我一定要和学生交朋友，尤其是和那些成绩落后的学生交朋友，绝不仅仅是记住那些学习最优秀的学生的名字；我一定要和家长，尤其是在别人看起来地位卑微的家长多交流，绝不仅仅是和那些有身份的家长交往；我一定不摆脸色，平易近人，绝不整天拉着脸耍酷耍威风；我一定和每个教师成为知心朋友，倾听他们每个人的想法，发挥他们每个人的才智，而不是刻意保持距离，让人敬而远之；我一定要多研究学校、研究老师、研究学生、研究教育教学、多钻研学术，而绝不是去研究领导、研究人际关系、钻研权术；我一定尽量多读书，多学习，而绝不忙于迎来送往、觥筹交错……

我的这些文字，是在从事教育多年之后，耳闻目睹了太多的教育现状之后的感慨。

近些年来，自己当了副校长之后，接触了大量的校长，明白随着家长和社会对教育的关注度越来越高，现在的校长越来越难当了。过去的校长大都是上课的，现在的校长们一个个都不上课了。这不能全怪校长们，在多数学校，校长们大都是业务骨干出身，他们不惧怕也不厌倦上课。而现在政策出多门、文山会海、迎来送往，让他们无法抽身。有的校长学术水平很高，但是，带了几年班级后，依然离开了教学岗位，他说，我再带学生，就是误人子弟了，因为实在力不从心了。

在越来越重视校长，呼吁校长专业化、职业化多年的今天，校长们依然干着许多不该由校长干的事情。在许多地区，校长们不姓教而姓钱，他们整天和老板、有关部门打交道，目的为了讨钱要钱，用于学校建设和改善教师待遇；在一些发达地区，校长虽然不必整天为教师的工资待遇奔波发愁，但是，依然会有许多无法自主的检查、考核、会议或应酬缠绕着他们，让他们无法静下心来钻研课堂。

到了现在，似乎什么社会问题都需要教育来拯救了，教育成了万能的了。环境污染得不行了，从“源头”抓起，于是找到了学校；艾滋病患者增多了，从“源头”抓起，于是又找到了学校；腐败现象越来越引人关注了，从“源头”抓起，于是也找到了学校。一切要从娃娃抓起嘛！“少年智，则国智；少年强，则国强”嘛！所以，学校就成了“万恶之源”，也成了万能的“救世主”了。学校成了唐僧肉，谁都想借助学校人多力量大、便于造势的优势来为其服务。校长们苦不堪言，又不敢言。

毫无疑问，也有一部分校长，是自己乐于在校外各部门各领导间奔走穿梭，而不纯粹是工作需要；自己乐于觥筹交错，而不是由于迫不得已；自己疏于学习，而不是由于工作繁忙；自己对教育缺乏真知灼见，而不是甘于“平凡”。

有局长在大会上谆谆告诫校长们：我是让你去当校长的，不是去当官的，你要眼睛向下，而不是向上。也有局长和我坦言，现在的一些校长一年都没认真读过一本书，甚至可以说几乎从不看书，这样的人谈何思考，谈何深刻，谈何引领？他说，他最看得起的，就是那些能够静下来看点书想点教育问题的校长和教师。

校长队伍，和教师队伍一样，和任何职业一样，都难免有一些不务正业者、一些浑水摸鱼者、一些滥竽充数者。

如今，一不小心，我自己也成了一名校长。

当我翻开当年自己写的东西的时候，觉得有一些内容，实在是对校长岗位的不了解不理解导致的偏激。校长和教师，虽然同在一个学校，但是岗位性质不同，就会带来许多“隔膜”，就像我们身边一些教师对中层工作不理解一样。

但我依然认为，校长要坚守学校，坚守课堂，坚守自己对教育的那份信仰和承诺。他要努力上几节课，以便对教学保持足够的敏感性和理解力；他最好多听课，用自己的理念和理解去和教师多做交流；他要多读书，比教师读更多的书，因为这样，他才能高屋建瓴，正确引领教师和学生，正确引领学校发展；他一定要亲近学生、亲近教师，永葆自己的教师本色，善于用自己的言行激励教师和学生，让教师和学生从中获得温暖、信心和力量；他要做让人敬重的同事、受人欢迎的教师，而不是令人生畏甚至厌恶的校长。

在我们身边，越来越多的校长热爱读书、富有个性、魅力十足，他们对教育有独特的看法、深刻的理解，对于办学有鲜明的理念、清晰的思路、科学的方法。越来越多的学校涌现出自己的特色来，“千校一面”现象正在逐步被改变。这些都是喜人的现象。

但愿我们的校长们，都能够乐于做一个真正的读书人，做一个本色的教育者，坚守校园，亲近师生，用心爱教育，用心做教育，用心和师生交往，用心助师生成功。

作为一名新上任的校长，我唯有希望自己能够像身边众多的优秀校长那样，脚踏实地，真诚负责，做一名真正对得起学校、对得起学生、对得起教师、对得起“校长”这个称呼的校长。

人和鸟的距离

2011年暑假，我带着学生到德国去做为期一周的教育交流（或者可以称作游学），顺便又花了一周时间游览了德国、法国、卢森堡、比利时、荷兰五国。

在阿姆斯特丹，在北海边，碧蓝的海水一阵阵拍打着洁净的沙滩，沙滩上，停了许多海鸥，它们或者站在地上，欢快地叫着，或者慢慢飞起，飞在你头顶。学生走到海鸥旁边，蹲下来观察，拍照，它们也不惊慌；在巴黎，在街头或者广场上，时常可见一群群鸽子在地上缓慢地行走或者悠闲地晒着太阳，有的在行人脚边觅食，有的蹲在雕像身上看身边走过的人群。学生跑过去，蹲在鸽子中间，抚摸它们灰色而细腻的羽毛，它们也不跑，咕噜咕噜地叫着，享受你的亲密。

它们把整个身心都交给你，信任让你无法做出伤害它们的事情。当然，也有的人不那么文明，走上去，脚往地上一跺，或扬起双手去赶它们，它们会从容飞起，在天空中盘旋片刻，又落到地上，继续它们和人的亲密接触。

不仅是鸽子，还有乌鸦，还有一种不知名的麻雀一样的小鸟，在布鲁塞尔的街头，它们都落落大方地站你在身后的窗台上或者在离你不远的树枝上，甚至和鸽子一样，就在嘈杂的人群中，轻快地跳动着身子觅食。

回国的路上，和学生一起讨论欧洲之行的感受。有学生说，德国人真的严谨，车辆见到人，早早就停下来，不管是红灯绿灯，都听不到焦急的喇叭声和粗暴的叫骂声；有人说，德国的房子真漂亮，每个房子都有一个美丽的花园；有人说，他们的教育真开放，校长看见学生公开接吻都视而不见，父母也允许十八岁以上的人谈恋爱；也有人说，他们的生活很享受，星期六不补课，星期天连生意都不做，全家人一起出去度假。

我沉默不语，我想告诉他们，我最大的感受，则是人和鸟的距离。我想起他们欢快地走到鸽子边，摸鸽子的羽毛；欢快地走到海鸥边，和海鸥合影，羡慕地说，这儿的鸟怎么这么可爱啊！他们羡慕鸟儿如此亲近你，信任你。可他们并不知道，决定人和鸟之间的距离的，其实并不单单是人和鸟之间的关系，更多的或许在于他们所没有注意的别的方面……

在吃饭的时候，我们看到德国的孩子，盘子里从来不会留下一点东西，他们用刀叉，把盘子里的奶酪、奶油、面包屑等刮得干干净净。我们的部分学生呢？尽管在出国前，我们一再提醒他们要努力把盘子里的东西吃掉，要学会珍惜粮食，展现中国学生良好的素养。一些学生的盘子里还是触目惊心地剩着黄瓜片、西红柿、胡萝卜或者大半个面包。

当我们找到部分同学，要求他们把自己的东西吃掉，或者请同学们一起分享时，有同学振振有词地说："在家里，我们从来都是吃不掉就剩下来的，回国之后，我们照样还是剩下，在学校里，我们也剩饭菜，到这里只有几天，为什么要刻意改变？这不是虚伪可笑吗？"

我实在感到无语。一个人如果不知道自己和别人的差距所在，内心里又不曾有什么羞恶是非之心，你如何让他有所提高和发展？我们得承认，有时候教育是很无力的。

无论是住在宾馆里，坐在动车里，还是在中餐馆就餐或在博物馆参观，我们总有几个孩子，一路说笑打闹，不经导游提醒就静不下来；在德国学校的课堂里听德方老师介绍德国政治和教育体制的时候，又有几位学生自始至终埋头玩手机，不曾抬头看一眼老师。

尽管这些是部分同学的表现，我们还是再三开会提醒全体同学。导游和翻译宽慰我们说，我们学校的学生总体还算不错的，至少多数学生经过提醒都能够配合。她们近几年接待过中国许多地区的学生团队，有的实在无法管理。她举例说，有一次，带一个中国学生团队住在宾馆里，学生实在太吵了，一位荷兰的老太太还报了警，她们旅行社被迫交了数千元的罚款。这次，在游览其他国家的时候，来自中国某省的一个学生团队经常和我们住在同一个宾馆，晚上11点了，他们还在走廊上和房间里嬉笑追逐，吵闹声不绝于耳，带队的导游不得不多次起来阻止这种行为。

虽然，相对于许多学校，我校的学生还算是不错的。但显然，这远不是我们逃避自我审视和批判的理由。

还是回头来说说人和鸟的事情。

“鄱阳湖斗士”黄先银，为了保护鄱阳湖的候鸟走上了义务护鸟之路，通过向主管部门和媒体举报，猖狂的盗猎行为不得不有所收敛。但他遭到了盗猎分子的疯狂报复，最后导致妻离子散，“众叛亲离”。在云南，同样的命运发生在“滇池卫士”张正祥身上，数十年来，为保护滇池和西山不受污染，为了让滇池边的鸟儿能够永远欢唱，他先后告倒160多家排污企业，40多家采石场，因此获得“2009年度感动中国人物”称号，但最终的结果是，他本人无数次遭人毒打，最后致残，并同样妻离子散。

如果是在一些文明的国度，他们的行为不会达到“感动全国”的程度，因为，在那里，像他们那样爱护自己生存的环境，爱护身边的每一棵花草和每一只鸟兽已成为绝大多数人的共识。可是，在这两位勇士所处的这片土地上，几乎没有多少人理解他们。他们被骂为疯子，人们都不知道，他们到底图个啥……

想起《项脊轩志》，最爱“而庭阶寂寂，小鸟时来啄食，人至不去”那几句。小鸟何以人至不去？人物内心之宁静，环境之寂静，人对鸟之友爱，鸟对人之信赖，尽可以从中窥见一斑，读来令人动容。一个和鸟都可以建立如此亲密而丰富的情感的人，怎么会对自己亲人离世淡漠视之呢？凄凄伤逝情，是情理当中了。

一位去过台湾的校长告诉我，台湾某中学，把校园里的每一只鸟每一棵树都拍下来，出版成书，用来教育学生，他们是把鸟和树都当作家庭成员来看待的。在宁波，也有一个类似的美丽的故事，宁波大学有一片白鹭林，每年都有一大批白鹭在此集聚、产卵、生活。宁大人把它们视为学校的一员，尊重它们，爱护它们，它们也以此为家，不愿搬迁，成了一道动人的自然和人文风景。

现在，几乎每所学校都在讲爱校教育，强调教师的恩情，强调母校的恩德，也强调同学将是你今后最大的资源。在我看来，还有更好的角度，可以让学生更爱自己的学校，爱学校的每个老师、职工和同学，就是先从爱学校的鸟和花草开始。像台湾那所学校做的一样，细心观察校园里有哪些鸟，它们怎样生活；有哪些树和花草，它们怎样生长。当学生把自己的生活融入到周围的这些生命中去的时候，当他们把这些生命都视为自己的家庭成员的时候，学校、老师和同学恐怕就早已经融入了他们的血液，一生都无法割舍了。

教育的功效就需这样，从无功利的行动开始。人和人的差距，或许，就需要从缩小人和鸟的距离开始。

且慢，道德评判

吃完中饭正向办公楼走，忽闻一阵喧哗声。一群高三学生冲下楼，闹哄哄地向高一某班涌去，听到学生起哄说“勇敢地表白”“献上一束玫瑰”“看看爱的表白”。

我马上加快脚步走过去，学生一哄而散。

高一某班教室里，几个同学在那里玩纸牌。

我感到纳闷，难道这班高三的男生，仅仅是围在门口看这些人玩纸牌吗？显然不是。我认识高三男生中的几个人，其中一个叫小杰，留着长发，高一时在寝室里打牌被处分过。高二以来，一直留着长发，政教处和班主任做过多次工作，他依然我行我素。

我把这个情况告诉了政教处，让他们和班主任一起调查一下究竟怎么回事。“现在的学生真是太无聊了，太不要脸了”，“这个小杰，像垃圾一样，看到就头疼。和他一起的人都不会是什么好东西”，“这种道德败坏的人，出现在哪里，哪里就不会太平”，我们义愤填膺地议论着。在我眼里，这些男生站在那里起哄的样子，活像一群小流氓，不三不四，满身邪气，他们如果突然从校园里消失，我会感到非常快乐的，因为我们可以少一些管理上的麻烦。

高一班主任调查结果是，这些男生可能是冲着他们班的女生小刘来的，据说这位女生家境优裕，打扮新潮，颇为迷人。这更增添了我们对这群男生的厌恶之情：都快高考了，还在这里混日子，琢磨着骗女孩子，真是无耻之徒！

高三班主任调查的结果是，学生感到无聊就瞎起哄，说谁敢到高一年级去随便找一个女生表白，谁就是英雄。他们没有明确的对象，就这么说着说着，就真有人勇敢地说，“有什么好怕的，去就去嘛”，说完就鼓起勇气往高一某班冲了，后面自然就跟了一群看热闹的。

“老师，我们真的就是玩玩，开开玩笑。”同学们对班主任说。班主任对我们说：“小杰平时虽然有可恶的地方，但是不可能去追那个高一女生的，因为他自己在隔壁班级里就有女朋友，而且关系很热着呢。他们确是太无聊了闹着玩的。”

这样看来，这次起哄原来只是一场玩笑！离高考只有三个多月了，面对一张张试卷、一本本参考书、一次次排名，他们太压抑、无聊了，于是就找出这么个方法来宣泄一下。原因就这么简单，并不如我们想象的那么复杂。他们的心底，也并不如我们想象的那样肮脏低俗。

我深感后悔，我和几位教师义愤填膺地议论或者说发泄，实在是一种不道德的贬损。我又深感庆幸，幸亏我没有草率地找来那些学生训斥一顿，训斥他们道德品质如何低劣！如果我那样做了，将会给他们本已紧张的高三复习生活增添多少压力和愤懑！

学校的厕所里，多根水管被踢扁，导致好几个蹲位无法使用。我们经过多次教育，依然不见效果。我和德育处恼怒不已。我们觉得这些人或者这个人必然道德品质败坏。我们猜测最大的可能性是那些被处分的同学干的，他们出于报复心理恶意破坏公共财物。我们决心要查个水落石出，然后对责任人予以严肃处理。

当我们查出来后，倍感意外，几个学生平时表现都不算很差，他们居然只是因为觉得好玩才踢的。一个学生说，只是觉得这么粗的水管，不会这么不经踢，进厕所就忍不住想踢，结果，踢了好多次。

纯粹是觉得好玩！他们的意识里根本就没有爱护公物的概念，没有别人上厕所方便与否的概念，因而，他们主观上也根本就没有要损害学校和他人利益的故意。的确是缺乏公德意识的，但是更是因为思想简单，还不成熟。

在十多年的德育工作经历中，这样的例子可以举出很多。越来越多的经验告诉我，假如动辄用道德准绳来丈量学生，我们将会以道德的名义毁掉许多孩子。为何让学生承认一道题目做错非常简单，而让他们承认自己道德上的缺陷和错误却非常艰难？因为知识评价涉及的是能力，而道德评价涉及的是人格和尊严。人是社会性动物，而道德是个人社会化的钥匙。道德不合格等于失去了在群体中有尊严地生存和生活的权利。学生一旦轻易被贴上不道德的标记，他们就会产生一种羞辱感，从而心生叛逆，自暴自弃，甚至铤而走险。

许多老师们（包括我自己）喜欢从道德的角度来评判学生，图一时之痛快，随意地斥责学生“心眼太坏”“心胸太小”“心术不正”“思想不健康”“品行不端正”“人格有缺陷”“不要脸”“自私自利”“满嘴谎言不诚实”“忘恩负义没良心”等等。殊不知，人是很复杂的动物，人性中有许多东西——喜怒哀乐、爱恨情仇、嫉妒和羡慕、空想与希望、执着和偏执、勇敢与怯弱——绝不是“道德”二字可以概括的。每一种行为背后，有着复杂的动机、原因和背景，药物、生理、心理、环境（包括天气、气候、色彩、空间等）多种因素都能影响一个人的行为，这是早已经被证明了的科学。

孩子小时候都会指着电影中的某个人问父母：“这个人是好人还是坏人？”孩子心里，只有道德二元判断。成人眼里，不该如此简单。在对学生行为背后的东西做充分的了解之前，我们没有理由进行草率的判断，更不能轻易做出道德评判。说句不中听的话，我们老师自己，在道德上实在并不比学生高尚多少。相反，人性中美好的东西，很可能还是单纯的学生那里保留得更完好。教师无权做一个道德法官和裁判。

应该指出的是，随意使用道德评判，除了体现出教育者在道德认知、道德教育能力方面的不健全，还常让教育陷于简单乃至粗暴。可不可以说，正是我们太热衷于道德评判，才让道德教育越来越苍白无力，越来越令人担忧?

不要轻易说“道德”二字。这两个字太重了，我们不能轻易动用它。轻易动用，一不小心，会砸伤了孩子，也砸伤了自己。

作业背后是鲜活的人

布置学生写首诗歌，可以自由写。

收上来后，我除了发现学生初次写作诗歌的一些问题外，还发现了别的许多问题。

比如，建成同学的诗歌是《对食物的独白》：

啊，食物
你喂养了我
啊，食物
当在错误的时间，错误的地点
你变成了零食

啊，食物
如果再给我一次机会
我绝对不再如此草率地拿你充饥
我会把你揣在怀里
真诚地对你说出14个字
“食物，你安歇吧，再纠缠，我告老厉去！”

我看着，觉得实在可爱。事情是这样的，昨天，我发现班级地上有一个面包包装袋，就查问是谁的。建成开始不承认，后来说，就算是我的吧。后来我调查发现先是小琴带进来吃，建成和小阳也都吃了。根据学校规定，不许带面包、蛋糕和水果、牛奶之外的东西进教室吃。我于是罚小琴给全班同学做一个告别零食的讲座。她的讲座很好，有养生知识，有零食的危害以及有关数据和事例，同学们深受教育。处理小琴的同时，我也批评了建成和小阳，给他们的个人励志品质扣了分。我说，你们在错误的时间，错误的地点，吃了错误的东西。我是带着调侃的语气温和地批评他们的。想不到，她以此为题，写了诗歌。

看着她的这首可爱的诗歌，我写了一句话：你总拿老厉开涮，小心一点啊！

走到班级，作业还没有下发，我走过她身旁，对她说：你的诗歌很新颖啊，呵呵。

她看看我，一甩头说：对，写着好玩啊。

我朝她嘿嘿笑笑，不说话。在作业本上或者在她们面前开个玩笑，或许会让她们开心和温暖片刻。

丹怡的诗歌题为《长别》，很简短，她这样写道：

假若明天我就死去
那我留给世界的就是“零”
是虚无
是无物
是父母的痛楚哭声
是家人的挽悼

我看了吓一跳。丹怡近段时间表现良好，学习也用功多了。只是这几天感冒了，总擦鼻子。这次语文测试成绩不佳。是不是有什么胡乱想法了？心理学书籍上说，一个人如果对生活绝望，会在日记里或者平时言语中提到“死”之类的问题。

我于是快步走到班级，寻了个借口找她出来，先问问她的感冒怎样了，是不是好多了。她说，好多了。我接着肯定她，开学以来，比以前更加用功了。接着又表扬她最近一段时间文章随笔越写越漂亮了。最后，我才装作漫不经心实则小心翼翼地探问她说：老师看了你的诗歌，感觉很奇怪，为什么思考这么深刻的问题了？

她笑笑说，看了郭敬明编的《最小说》上的一篇文章，里面提到了人的死，她就想到了死，就随便写了这首诗。

我相信，她说的是真的。这种事，即使不相信，也不能一再追问，追问只能强化，更何况，据我判断，她不是这么脆弱的人。不过，我还是感觉到了她面对自己学习的无力和成绩不如意时候的一点消极情绪。我知道，今后要更加关心她的心态。

佳红的诗歌也令人担忧。题为《病中》，这样写的：

火一般的身体
混沌不清的意识
在梦中
雨丝淅淅沥沥
世界终会安宁

这是一个惜时如金、极为勤奋的女生，个子很小，却很刚强。我给她写了一段批语：发烧了吗？一定要注意身体。

我回到班级的时候，她正在研究一张中国地图，我俯下身轻声问她：你生病了？她说没有，有一点感冒。我又问，你发烧了吗？她说没有。那你为什么写那首诗歌呢？她灿烂地笑笑说，是写以前我生病的时候。

我吁了口气，说，原来如此。她看着我，又笑了。我感受得到她对我的关心和细心的感谢。

唐波写了一首颇长的诗，叫作《作业颂》：

哟！我的作业哟！
白净面庞上的一道道皱纹
让我的视觉哟，深感疲惫。

哟！我的作业哟！
你知道吗？
你的降临是我们的灾难
你的结束是我们的付出
啊！作业！

哟！作业啊作业！
你改变面貌，
好吗？

我看了后，有些沉重。这些天，有学生多次在随笔里抱怨过作业过多的问题了。一位同学在题为《假如我是班主任》的随笔里写道：假如我是班主任，我就不会让老师们布置那么多的作业，你或许以为不多，可是你看看每天我们黑板上写着的作业单子，你就会知道，我们多么沉重。

我决定，要重视这个问题，要召开任课教师会议，协调一下，让他们减少作业量，做到少而精，并且形式活泼。我于是写了一段话：可怜的孩子，哪个读书人都要做作业，没办法啊，挺住吧！不过，老师真可以考虑一下作业量的问题了。我会调查一下，然后找老师们协调一下的，努力减轻你们不必要的负担。

每当从学生作业中发现一些思想问题，我总是尽快和学生沟通。虽然这样做会很烦琐，会给自己增加不少负担，甚至有时候看起来好像多此一举。但我依然觉得十分必要。作业的背后是活生生的人。批改作业，应该看到作业背后的那个人，看到他的过去、现在，想到他的未来。这样，我们就会把一本本作业都当作一个个人来认真对待，绝不会草率从事。

教育是穿针引线般细腻的职业。学生的心灵有时候比任何东西都细腻，他们比任何敏感元件都要灵敏。2011年底，安徽肥东县一个15岁的初三学生自杀了，没有人明白他为什么自杀。后来，在他的日记里，父亲找到了一些端倪，他写道，“为什么我学得那么辛苦，成绩还是上不去”。时不时就听到某地某中学生伤人啦，自杀啦，出走啦。说起来好像都很突然。实则有一些是早有预示的，或者在作业本上，或者在一句话中，或者在一两个眼神中，作为家长和教师，多一份细腻的爱心，有些悲剧就可以避免。教师如果见题不见人，充其量只是一个知识的传授者，而不是一个健康和高尚心灵的呵护者和培育者。

作业的背后是个人。它是人写的，也是为人的。当你摊开一本作业本的时候，请你记住这一点。

谁有资格歧视弱者？

运动会中，两位女生站在铅球场地，指着一名掷铅球的同学说："这个人，农民一样的，哈哈哈……"

那是一位很憨厚朴实的学生，他全神贯注于铅球，掷完后，就拍拍手走开，那姿态和神情确像一个干完活的农民。她们的话语和笑声，充满了歧视和不屑。

我不知道那位同学听到了没有。我是听到了，而且心中大为不乐。我真想质问她们：农民怎么啦？你们的祖先不是农民？你们不是吃着农民种的粮食长大的？老师也是农民出身，你说说看，农民怎么不如人家了？你们有什么权力嘲笑农民，甚至连农民一样朴实的人都要嘲笑？

在许多人眼里，农民很可笑，已经成了可耻的身份了。春晚，赵本山就是塑造了一个又一个的可笑的农民形象，然后，让全国人民一年又一年地笑下去的。在全国，带着歧视的眼光看待农民以及农民工的，不知道还有多少人呢。我有什么权利去独独指责这两个小女生呢？

在许多不知道土豆和鸡蛋从何而来的这一代人眼里，农民是和拙笨、愚昧、贫穷和落后联系在一起的。与农民一样受歧视的，当然还有农民工，还有环卫工人，甚至"临时工"。

一个门卫捂住某教师孩子的眼睛，说："你猜猜我是谁？"

孩子毫不犹豫地说："你？你不就是那个看门的嘛！"门卫大为尴尬，放开了手。孩子转过身，满脸不屑地说："我没说错吧，真是个门卫！"此后，这个门卫多次和别人谈起这个小孩，说这个小孩太世故，甚至他还说小孩的家教有问题。我无法指责这个门卫的不够宽容。但我可以对这个小孩不知来自哪里的等级观念发表些感慨。在一个只有八九岁的孩子眼里，门卫，就只是一个看门的，是一个不屑一顾的职业，等到他长大有了地位之后，不知道还有多少人值得他正眼相看。

西安音乐学院的药家鑫，驾车撞了一位女工，女工挣扎着坐起身准备看车牌，他就拿出刀子，在她身上连捅八刀，他的理由是"农村人太麻烦"。在他这个都市人眼里，"农村人"只是一个没有疼痛没有情感没有生命的群体，所以他可以毫不犹豫地拿起刀，像对准一个破旧的布娃娃一样一刀一刀戳下去。令人诧异的是，居然有某大学的著名犯罪心理学教授为他辩护，说他并无犯罪故意，杀人是弹惯了钢琴的手的习惯性动作使然。这位教授的观点激起了众多网民和专家的愤怒反驳。她又万分不屑地说，这些人在某方面是专家，可在犯罪心理学方面却是外行，没有权力对她进行指责。更令人意外的是，居然还有另外的七八位教授联名写信，要求"刀下"留人，给药家鑫一条生路。恕我直言，这些教授可能在自己的专业方面颇有建树，可是在伦理道德和人格人性方面也是一个地道的"外行"。在他们的眼里，培养一个大学生需要许多成本，最好留下来"为人民服务"，而死掉一个女工是不足为惜的。至于那位药家鑫，或许他本人也是一个受害者，我相信，"农村人太麻烦"的思想和意识，不是与生俱来的，它们一定来自某个阴暗的角落、某些肮脏的灵魂。

学校保安队长小杨要走了，这是一个极为负责的退伍军人。

他每天睡在学校里，半夜里有什么事，一个电话就会迅速起来。他曾多次抓获越墙进入校园的小偷和闲杂人员，也多次帮助学校政教处查处学生违纪事件，他对学校保安的管理极为严谨细致。但他的待遇只有2000元，虽然这在后勤临时人员中是最高的，但对于一个有抱负的人来说，这点钱是微不足道的。他向学校提出要辞职的时候，从主任到副校长到校长都一再挽留，甚至开出较高的条件来挽留他，但他去意已决。我们私下议论，以他的能力和责任心，年薪五六万甚至七八万都不过分。甚至有领导认为，他一个人的作用抵得上几个作风懒散的在编人员。因为他是临时工，学校无法给他所期待的或者他所应得的待遇，在别人看来那或许是临时工不该奢望的待遇。他说，他理解学校的难处，理解学校很难给他一个人实行“特殊待遇”，这次是必须走了。是的，仅仅因为他是临时工，仅仅因为他没有读过大学，不是正式分配的，他表现再突出，贡献再大，也无法享受和我们这些有正式编制的教师和职工一样的待遇。而一些正式教职工，表现再不理想，工作再拖拉马虎，也能够拿到数倍于他的待遇。

一直为马加爵深深惋惜。马加爵杀人一案，法理上的讨论早有定论。留给教育的思考呢？可能远没有结束。他在生前最后的一首诗中写到自己的杀人理由，“他们嘲讽时刻的无情，他们侮辱时刻的面孔可恶，让我下定了决心”，“我决定给那些歧视穷苦人、蔑视穷苦人的人一个教训。我决定给那些无情践踏、残忍蹂躏穷苦人人格尊严的人一个教训”。

他们都是受害者，都是一个个原本不该凋谢的生命。我不想对马加爵和那几位被害的学生多作评论。有一点可以肯定，我们应该学会尊重弱者，哪怕对那些在我们看来有着多么令人讨厌的缺点的弱者，我们也应该收起那张高傲浅薄的脸。如果马加爵的学校和同学能够对他多一点尊重和关怀，多一点温暖和温情，或许，悲剧就可以避免。他们不知道，对于“弱者”而言，最大的也是唯一的财富，就是尊严。

近年来，和马加爵一样激情犯罪的，还有一些被称为“反社会人格”的人群，这一群体正在逐渐扩大，并在不断制造各种血腥案件。社会的不和谐，并不都是由于简单的贫富差距引起的。一些犯罪事件，也并不全是犯罪者本人的过错。其中有一些，恐怕是我们陈旧甚至“残暴”的观念和意识造成的，是我们人为地划分出来的鸿沟制造了不必要的仇恨和冲突。如果全社会多一点尊重和关爱弱者的共识和氛围，类似的悲剧一定会更少一些，我们生活的世界一定会增加一份安宁与和谐。

如何对待弱者，其实就是如何对待自己。

9·11事件、东南亚海啸、汶川地震、日本地震……世界各地每年都发生着无数大大小小的天灾人祸，许多人在毫无防范的情况下，在一瞬间就永远地失去了可贵的生命。这些人中有面容高贵的，有神态高傲的，有穿着华丽的，有衣衫褴褛的，有白发苍苍的，有稚气未脱的，和我在殡仪馆看到的那一张张不同的遗照一样。这让我想起那个殡仪馆的牌坊上刻着的一副对联“无论贫穷富裕，来此地都成灰烬；不管高贵卑贱，到本土一律平等”。人是伟大的，但更多时候又是那么弱小，那么不堪一击。不承认自己的弱小，反而总是因为某方面的一点优势，就去歧视甚至欺凌那些更弱小者，这是一件很可笑的事。可惜，那些狂妄无知的人，是不会知道的。

尊重和善待弱者，本质上是对生命的认同和对同类的敬重。社会越发展，文明越发达，这种意识就会越强烈和越普及。歧视弱者，只能是一个社会、一个人愚昧和落后的象征，并导致更多的愚昧和落后。

马丁·路德·金的演讲稿《我有一个梦想》为何至今读来仍令人动容？它道出了人类对平等和尊重的渴望。放眼四周，职业、职务、金钱、荣誉、权力、地位等等，在我们的人群中划出了无数条冰冷的鸿沟。我多么希望，有一天，清洁工、门卫、管道工、淘粪工能够和大学教授，和工程师，和局长、县长们，和老总、星爷们，和那些被称为白领、金领的人们，彼此相爱，相互尊重，他们的脸上露出的是自信和被尊重、被理解、被肯定的笑容。

校园不需要愤青

愤青（英文：Angry Young Men），是“愤怒青年”的简称。“愤青”之名的由来，至今众说纷纭。至于什么是愤青，不同的人、不同的国家也有不同的理解。我的理解是，愤青就是对社会和现实不满，并用偏激、极端的方式来表现自己的这种不满情绪的人。

没有人必须当愤青，也没有人不能当愤青。“愤青”不是专业，也不是职业，更多的是面对不满现状时候的一种过激的表现方式。愤青更是一种情绪，而且通常带着深深的偏激和极端的印记。这种情绪很容易传染，以至于让周围的人们都跟着丧失了理智，由人变成鬼或变成狼。由此，我的观点是，在教育界，尤其是在校园里，还是少一些愤青为好。坦率地说，学校里不需要愤青。

教师间讨论起教育的艰难、学生的顽劣，自然都感慨万分。讨论着讨论着，最后，非但什么问题都没有解决，反而大家的不平之气愈加强烈了。讨论结束了，心里面却更加厌恶学生，厌恶教育，甚至厌恶生活了。

有老师愤然说：“有的学生天生就不是东西，我看他爸爸那副德行，就知道他的崽子是怎么回事儿了，老鼠的儿子会打洞，一点没错，这兔崽子活脱脱就是一只老鼠！”也有老师恨铁不成钢地说："我都和他说了N遍了，他在考试的时候还是错了，真是比蠢猪还蠢，我都崩溃了！"还有老师悲叹道："你看我们比民工都还要辛苦，民工天黑了，还可以在房间里喝点小酒吹点牛皮，我们呢，连这点机会都没有，这辈子当教师算是投错胎了。扫大街去算了……"

你看，话到这个份上了，理性的大脑早已经让位于满腔的怒火了。对学生和家长的尊重感、对自己职业的珍惜感、做教师的自重感、所谓的换位思考等等都早已经荡然无存，剩下的只有歇斯底里的发泄。细思量，我们都在不知不觉间变成了"愤青"。

年轻的时候，我也喜欢发泄这种情绪，发些这样的议论，因而我也曾给人留下偏激极端的印象。那时候，我就如同孔子和子贡所痛恨的"勇而无礼者""果敢而窒者""不孙以为勇者""讦以为直者"。当我冷静下来自我反省，发现自己为图一时之快而发表的"高论"，绝大多数都经不起逻辑的推敲和现实的论证。一个人如果丧失了思考的大脑和理性的控制，任何美好都可能转瞬变成丑恶。

年长后，每逢听到一些年轻的老师们或者年长的"愤老"们愤愤然地议论一些问题的时候，一旦发现有些偏离了方向，形同单纯发泄和攻击了，我总要不识相地给他们泼冷水。比如有人说，减负还不好办？一刀切，谁补课，谁就下岗，哪所学校负担重，哪所学校的校长撤职！面对如此"干脆利索"的说法，我表示怀疑，于是不冷不热地说："如果明天你来当校长和局长，你保证能做到比现在好吗？"那人一时语塞，红着脸说："这倒真难说。"

我告诉他，山东和东北有几个地区曾因学业负担问题一下子撤了许多校长，据那边的教师朋友说，负担也没有真正减下来。中国的许多问题，如果像愤青们想的那样一两句话就可以解决，就不会长期悬而未决了。

绝不是鼓吹负担重好。我只是以为，做一个议论者向来是件容易的事，但历来的经验是空谈误事，白白发泄一下情绪，而且通常矫枉过正，变成无聊甚至无知的全盘否定和恶毒宣泄，以一种谬误代替另一种谬误，以一种言语暴力代替另一种现实暴力，对教育实在没有多少益处可言。

作为教师，要多做建设性的事情，这远比单纯地批判来得重要。你抱怨学生素质不好，不如自己去思考该如何适应这些不好的学生，然后让他们“好起来”；你抱怨教师和学生负担过重，你就从努力上好每一堂课，减少学生的作业负担开始；你责怪家长不懂教育，你就从自己率先做一个懂教育善教育的人开始。一个人如果放弃了自我反思和自我担当，徒有一腔破坏世界的热情，丧失了基本的客观公允的立场，单纯追求一些新颖刺激的观点和做法，除了自欺欺人聊以自慰或者哗众取宠外，我看不出还有什么别的作用。

有学生对日本表现出少有的愤怒，日本地震了，就大声叫好。你问他为何，他理由冠冕堂皇，简单说，就是爱国。其实，我看许多表现特别激烈的学生，连自己的学习都尚且没有认真地对待过几天，不爱读书，不善思考，不敬父母和老师，却居然关心起“国家大事”来了，而且“爱国之情”如此强烈，真有些莫名其妙。事情就是这么奇怪，历史总是多巧合。据说，当年“文化大革命”中那些批斗老师最坚决的人，革命立场“最坚定”的人，大都就是那些平日里最恶读书、最缺文化、最不懂文化的人。

曾让学生谈谈对教育问题的看法。有许多学生由于深感负担之重，深受考试之害，于是就愤而否定所有考试制度。有人愤慨地说，我们中国为什么要有这么多考试？应试教育害了多少人？为什么不采用人家美国、日本、德国等先进国家的做法？为什么不重视能力的培养、考核和选拔？高分低能有什么用？甚至有人说，以后我到了社会上又不当化学家、物理学家、数学家，我整天做这些破题目干什么？……

听了之后，我对同学们说："同学们，我理解你们的苦楚，我也希望减轻负担，但我问大家，假如你当教育部长，你有没有比考试更好的办法来选拔人才？我们羡慕那些被大学教授们慧眼相中的偏才怪才们，但是，我们想想，我们中有多少人敢自称为是这样的偏才怪才？我们说重视能力，我们如果现在到人才市场上去，我们有多少能力可以让人马上聘用你？我们的大学如果都靠推荐和面试，我们有多少人能够保证得到公平对待？假如没有考试，我，你们的许多老师，还有你们中的许多父母亲，就不会有今天。我感谢高考制度，让我从一个放牛娃、一个山里娃，变成了一名教师。"

学生听完后，陡然明白，继而纷纷点头。

当一个人学会了思考，他就不容易成为愤青了。

学生处于诞生愤青的年龄，因为他们缺乏阅历，缺乏学习，理性思维还不成熟，他们更需要有理性的教师的指引。古语所说"待小儿宜严，严以平燥气"是有道理的。学生的骄躁之气要平息，需有老师智慧的指引。如果教师自己都焦躁不安，动辄破口大骂，或者满腔愤世嫉俗之不平气，那么，他如何去引导学生发现身边的美丽、发现生命的美好，从而去热爱生活、热爱他人？

我们的社会中至今还存在太多的愤青，不能不说是和我们的教育和教师有关；我们教师中还存在不少愤老愤少们，这或许也不能不说是和我们曾经走过的那个疯狂的年代有关。我的希望是，那些愤老愤少们，还是早点退出我们的社会、退出历史的舞台为好。因为，世界缺少的不是破坏，而是拯救。教育，还是要多种下些理性的种子、文明的种子、思想的种子，少播些疯狂的种子、野蛮的种子、愤激的种子为好。

完全可以想象，愤青们读了此文后，会有怎样的反应。

“阴谋诡计”不是教育

使用这个题目或许不是很妥当，对于一些专家和老师，这可能是一种冒犯。可我实在想谈谈个人的一些未必成熟然而真实的想法。

曾先后两次听某著名教育专家的报告，他都举到了一个例子。情节大致是这样的：一日，班级里发现有人丢了钱，而且数目不小。经过调查，他得知是某同学偷的。刚好要上语文课，他于是和一位老师商量好演出双簧，并叫来全校班主任旁听。他从课前的一次演讲开始，循循善诱，终于把话题引到了班级失窃事件上。他让学生谈谈看法，然后故意点到那位偷钱的同学的名字，然后，他故作惊讶地问：这位同学怎么不在啊？那位老师在底下说，该同学生病回家了。该专家于是引导同学们说说这位同学身上的优点，然后，让每个同学写一段安慰、鼓励和赞美他的话。他说，他后来把这些信带给这位同学看，据说这位同学非常难受、自责。他自得地说：“他看着同学们充满真情的关爱的文字，他却偷了人家的东西，难道不是一种心灵折磨吗？我就是要让他经受这种折磨。”

他是我最喜欢的当代教育专家之一，我对他的勤奋、智慧和坦率一直都深怀敬意。他是一个非常用心的人，在他眼里，生活中到处都是可用的教育资源，每次听他的报告，也总大有收获。

这次他利用班级失窃大做文章，把语文课做成了一堂德育课，做成了一堂教育班主任如何做教育工作的示范课。在他为我们介绍这个案例的时候，许多班主任情不自禁地为他鼓起了掌。

我却认为他的做法有值得商榷之处。

其一，保护学生的意图不真诚。专家的意图是为了保护那位学生不受伤害，所以以生病的名义让他回家反省，以避免不必要的尴尬，同时也为了防止被同学们当场识破。在我看来，他的这个意图看起来缺乏真诚。失窃事件是班级大事，同学们都比较关注，一旦某个同学被人知道是个“小偷”，这位同学今后将很难得到同学们的信任和尊重。如果已经查明是谁，最好的办法就是大题小做，宜私下处理。这是真正的保护办法。专家不会不知道这个道理。但他为了培训他的班主任，也为了教育其他学生，或许，也为了展示他自己的教育智慧或理念，召集了许多老师来“观摩”，又在班级里大张旗鼓地就失窃事件开展了教育活动。实际上，他把这位学生当作了一笔供自己利用的资源，或者说其实成了“示众”材料。

其二，保护学生的初衷难达到。我也不知道这位专家究竟是通过怎样的渠道查明是那位同学偷的钱。依据本人多年的工作经历，觉得班主任老师要查这种案子，大都是依靠学生提供“蛛丝马迹”来“破案”的。如果不是教师独自侦破的，那么，在推理、调查过程中，难免会有某些同学知道其中的内情，明白是谁偷了这个钱。专家确定是这位同学偷窃之前，肯定找这位同学做过许多工作，才让他承认了自己的错误。专家在班级里就此事进行大讨论，让同学们给这位学生写信，同学们难免会心下生疑：他昨天还好好的，今天为什么忽然就生病了？过去老师从来不让我们这样写纸条，这次怎么回事？稍有头脑的学生，即使是初中生，也不难从中嗅出些什么。这位专家也难以保证，万一有人不慎走漏了这个风声，这位同学今后在班级里只有被“另眼相看”了。

其三，转化行窃者的效果难保证。行窃的同学被老师责令在家反省，老师却在同学面前说他病了，还送去了同学们对他的关心、慰问甚至肯定和赞美，他会怎么想？他真的会如专家所说的“自责”“愧疚”吗？他一定明白，同学们对他的这些关心都是被老师骗来的！他难免也会想，老师大张旗鼓地让同学们给他写慰问信，同学们一定感到蹊跷，而且下次他回到学校，同学们问生了什么病，好了没有，又该怎么回答呢？老师的一个“谎言”，最终导演出了一系列的谎言。依靠谎言，如何能够结出真诚悔过的果子？

其四，其他同学的感受被漠视了。专家想利用这个资源对全班同学进行一次自爱自重和爱人的教育，但同学中一定有人已经发现了教师的“阴谋”，我深信这一点。问题是，那些知道真相的同学，会怎么看待老师的这种“善意的谎言”和老师一手策划导演的这场“温情戏”？而一旦其他同学事后从有关渠道知道了真相，他们又会如何看待老师的这些“花招”？他们全班同学在老师的引导下，那么真诚地给那位同学写信，慰问他，关心他，还在班级里赞美他的优点，想不到，这是老师设计的一出“戏”，那位同学根本就没有生病，而是偷了班级钱的人！他们是不是会觉得自己被老师欺骗了？这样的教育，能够给他们带去多少心灵的触动？

其五，对班主任工作带来误导。该专家希图以此为例，对本校的班主任进行一次关于教育智慧和教育资源利用的示范教育。可是，他精心设计的这种看似机智的教育方式，班主任们看了之后会怎么想？原来，教育可以这样“机巧”甚至虚假！至于那位被要求配合编故事的老师心中会怎么想，我不得而知了。

总之，在这个看似精彩的教育案例中，拿钱的同学从“被生病”“被请假”到“被赞美”“被关心”，其他同学们“被引导”“被教育”，学校的班主任们“被观摩”“被提高”，都是基于一个前提：教育的虚假，或者教育者的“诡计”——尽管意图的确是善的。

用一个未必恰当的词，这次精彩的教育，其实来源于教师的“阴谋诡计”。而这类的阴谋诡计无论出发点多么善良甚至高尚，在我看来还是不能算好的教育。

教育是需要讲究智慧和艺术的，但是得有一个内核，就是真诚。只有真诚，才能让一颗心打动另一颗心；只有真诚，才能以一种高尚带动另一种高尚。陶行知先生就反复强调教育要教人“求真”，要让人学“做真人”。这点无论是学生还是教师都应铭记在心。教育失去了真诚，就不成为其教育。

这让我想起现在流行的许多教育兵法和计谋。

经验不足的班主任，面对众多棘手问题，总是急于向他人寻找教育计谋，“你告诉我用什么办法对付这种学生！”因为现实中存在这样那样的一些教育冲突和矛盾不容易解决，一批有智慧的老师，就总结摸索出了一套套对付学生或者家长的策略和方法，或称什么“兵法”，或称什么“计”。

虽然其中不乏教育智慧和艺术，可这些东西和真正的教育或者说好的教育始终隔着一些距离。把学生当作鸟兽等猎物，而教师成了狩猎者，是以诞生了一部部教育计谋和兵法著作。计谋和兵法的目的是“摆平”“搞定”“战胜”对手，以显示出教师的高超和强大，这点就是许多教育者本人也毫不隐讳。而教育的目的却该是促进，促进学生的生长、发展。摆平，教育的施力是向下的，是按捺，是压制、打击，不让他挑战教育者的权威。促进，教育的施力是向上的，是指引，是引导、引领。一个旨在打造不可战胜的教师，一个培养能够脱离教师并超越教师的学生；一个是做学生的对手，一个是做学生的支持者、发现者、鼓励者和帮助者。其间的差别和差距不难看出。

教育不是狩猎，而是教学生狩猎；不是捉鱼，而是教人捉鱼。教育应该讲究方法，追求艺术和智慧，甚至必要的时候可以有美丽的谎言，但不该有“心计”“计谋”。过于追求计谋，容易让教育艺术变成一种技术，甚至变成某种权术和伪术。教育者心计太深，教育就失去了纯真和美好的底气，学生也就会早早地失去了对真善美的信仰和追求。如果你运用兵法和计谋时，被学生识破了，他明白了你的招数和阴谋，明白你使用的这一招是美人计，那一招是声东击西，而另一招又是敲山震虎。试想，他还会被你打动吗？缺乏真诚的智谋，不要期望它会有太多的教化作用。

教育要追求的是以一颗心撼动另一颗心，而不是以一颗心征服另一颗心；是教人强大，而不是让人臣服。如果把校园变成一个个尔虞我诈、斗智斗勇的战场，把教育视为一场场你胜我负你输我赢的较量，校园就失去了所有的美感和情感，教育也就不成其为教育了。

教育不需要阴谋诡计，哪怕是多么别出心裁，哪怕是多么用心良苦。

不要倒着看世界

在多所学校里兼任过多个行政职务，就有了一些接触“敏感”问题的机会。

多年前，一位家长打电话给我，要求我分班的时候照顾照顾他孩子。我告诉他，在同一层次的班级中，如果需要进什么样的班级，在不影响原则性的前提下，我可以努力帮你说一说。

他显然不满意我的说法，说：“难道不能给安排进实验班吗？”我说：“实验班差一分也不行的，否则，大家都要往里面挤了，你的孩子分数明明不如人家，只能进平行班，结果进了实验班，人家比你高的孩子进不去，这公平吗？”

他不以为然地说：“把我孩子弄进去，你们不公开不就行了吗？谁知道他分数够不够？”

这位家长是部队出身的，而且在部队里当过领导，我不知道他在部队是不是经常搞这玩意儿。这些年，据我所知，在我们学校里是很少有这样的事的。“怎么能够不公开呢？你不公开，人家不照样可以知道你的中考分数？再说了，你是领导同志，不该有这种腐败的想法啊。”我半开玩笑半当真地说。

他听后，不高兴地说：“这算什么腐败，这个社会不都是这样的吗？”

听到这种话，我已经完全没有必要和他多说了。在一个信奉不择手段为自己谋利益的人眼里，我说的这些所谓公正公平的做法，他会相信吗？

同样是一位家长，只有过一面之缘，也不知道他是怎么弄到我的地址的。他先是打电话，后来是一次次找到我，同样要求我把他的孩子弄到学校成绩最好的实验班去。我断然拒绝说，做不到。他一再暗示，会重重感谢我。我说，我真做不到，也不能做，我们的学校近几年的确没有这个先例。他就愤然地说，前几年不是有的吗？说实话，你说没有，没有家长会相信的。我正色说，我说的你不信，那么，请你去查一查。他不高兴了。后来，他再也没有和我联系过，每次到学校来接孩子，见到我也形同陌路。

某事业单位的一名领导，他侄子并不在该学区，可是由于某学校质量不错，他希望侄子能够到某学校去。不知怎么的，竟找上了我，多次给我打电话，并发来短信说：听说你和那所学校领导关系不错，千万要帮我把孩子安排进那所学校去，钱的事情不用担心，给我你的账号，我给你汇去5000元活动经费。

我哭笑不得，我该如何和他解释呢？我的解释他会相信吗？我只能告诉他，我没法帮这个忙。

他就说："你们学校领导之间不都是可以相互做个交易的吗？难道他没有用到你的时候？"

我听了后，一时竟又不知道该如何说话了。

令我感到深深不安的是一位教育系统的朋友，他曾经委托我把他亲戚的孩子安排进一个班级。在过去，我们分班的时候，尽量把各个平行班级的师资分配均衡，在这个基础上，某些学生喜欢数学老师当班主任，或者年轻的英语老师当班主任，或者严格一点的班主任，我们就尽可能满足他们的要求。如果都坦率一些、勇敢一些，我们就会不得不承认，在不影响公正性的大原则大前提下，这种适当照顾人情的做法，在许多地方许多学校恐怕是难以避免的。

这次学校是通过抽签决定某个班级的班主任的。结果，这个孩子所在的班级班主任是年轻老师。尽管在我看来，这个班级的班主任能力是很不错的，事后证明这个班级的学风在年级里也是很优秀的。但这位同行朋友还是很不高兴，一再给我打电话，言语间充满了抱怨和不满，觉得我不够尽力，不够“朋友”。他说：“我知道，我这个身份不够！我也在学校里呆的，我还不知道怎么回事吗！”

和他沟通了半个多小时，依然是这个结果，我挂了电话，更觉得实在无话可说。

说什么呢？

他的确在学校里呆得很久，也当过学校领导。他一定见多了分班的各种“诀窍”，所以，无论如何也不会相信我所说的。但如果见多了一些弊端或者说丑陋之后，连教育者自己都觉得不舞弊不丑陋就不正常了，这是不是值得深深忧虑？

没有指责他们的意思。他们对学校的怀疑，并非毫无根据。一些领域的腐败、一些潜规则的盛行，给人们造成一种错觉：金钱和权力可以“摆平一切”。许多人在求人办事的时候，尝尽了其中的甘苦。没有背景的万般无奈，只好东拼西凑、砸锅卖铁去托请他人；有权势的扬扬自得、乐此不疲去忙着打“招呼”。时间久了，经历多了，谁还能相信什么公平正义？在人情泛滥、法制尚不健全的社会里，所谓公平、公正、公道、公义，在许多人看来，实在是稀有之物，即使真摆在他们面前，也不会相信它们的存在。

这不是他们的错，也不能怪学校。尽管时下，的确有些人抱着一种阴暗复杂的心态，习惯抹黑教育，喜欢拿学校说事儿，动辄抓住学校的一两处弊端大做文章。我始终觉得，学校和许多领域相比，还是一方不可多得的净土——由于多种原因，的确很难完全“与世隔绝”。

我担忧的是，家长、老师或学校领导自己都不相信有公道存在，不相信有公正公平存在，他还能在孩子的教育中坚持这些原则吗？无论社会风气如何低劣腐化，家庭和学校应当努力充当一个净化器。尤其是我们教师，他不一定要多么高尚和完美，但一定要努力充当社会的良知，维护社会的公平和正义。他很难做到绝对的纯洁，但绝不能自甘堕落，更不能对丑陋习以为常、以丑为美。

这让我想起《射雕英雄传》中的欧阳锋，练了蛤蟆功之后，就倒立着走路了。在他眼里，这个世界所有的人都是倒立的。他忘了，倒立的恰恰是他自己。我们千万不要自己倒着站立去看待别人。

让学生明白什么是好老师

我给学生看任小艾老师的《教师素质和班主任工作艺术》报告，学生看后，觉得不错。我把这个情况告诉任老师，她回短信说：你的教育很开明。

我不解，为什么说开明呢？

思考很久才明白。原来，我把教师应有的游戏规则“揭秘”给学生了。

我们历来习惯于强调学生的游戏规则，比如一开学就让学生学习《中学生守则》《中学生日常行为规范》以及校纪校规等，让他们牢记在心，要求他们严格遵守，却很少愿意主动告诉学生，老师应该怎么样，老师自己应该遵守哪些游戏规则。

一位校长在学生大会上公开说：“我在这里向同学们强调一点，我们的老师如果有体罚行为，有经常布置作业而不批改的行为，有上课敷衍了事的行为，我欢迎大家向学校教务处或者校长室投诉。”

此言一出，老师们异常反感：校长怎么能在学生面前说这个话呢？校长是替学生说话还是替老师说话？老师们认为，老师的“潜规则”是不可以告诉学生的。同理，有的老师对学校在学生中进行教师工作满意度测评也深感不满。他们同样认为，教育教学是老师的事，不该由学生来监督评价。

教育是社会文明和进步的助推器，不能因循守旧。教师的一切利益，都建立在服务学生发展的基础上，两者应该是统一，而不是对立的。只有破除了教师和学生的对立感，才能促成新的教育理念、方法和作风的形成。教学相长，好老师可以成就好学生，反过来，好学生也可以成就好老师。我们应该让学生了解教师职业道德要求，了解学校对教师的教学要求和师德要求，让学生多听听人家特级教师和名优班主任的讲座，听听一些教育专家的报告。让学生知道，一个好老师应当如此，一个优秀的班主任应当如此，一节好课应当如此，一所好学校应当如此，一种好教育应当如此。这样，虽然照出了我们自己的一些丑陋和不足，但是，这更是对我们的鞭策和监督，有利于我们在教育的路上走得更稳健、更踏实。

多年来，我有一个做法，就是师生教学承诺。接手一个新班级，我就让学生给我提希望和要求，我也给他们提希望和要求，整理成文，双方签字，人手一份。以后凡是有老师或者学生违反规定，我们可以相互批评，并采取一定的惩罚措施。这个措施很受学生欢迎。学生感受到老师对他们的尊重，感受到自己作为教育对象和学习主体的地位，他们更懂得了如何评价老师，评价老师的教育教学工作。此外，我每学期还定期向学生主动征求意见，调查我上得最好的课是哪一节，学生记忆最深的是哪一节，我本人和教育教学中最值得改进的是哪一些。调查后，根据具体情况，我向学生作解释说明，并努力克服存在的缺点。由于我的学生对好的语文老师有一个较为理性和科学的认识，而我呢，则努力用学生的这些合情合理的标准来衡量和要求自己，所以，每次在学生测评中，我基本上都是获得较高评价的。

一位班主任，在教师节的时候让同学们开展一次以“尊师”

为主题的班队活动。结果，同学们开展的活动是“评评我们的老师们”，同学们开始评选“最具人气的老师”“最幽默的老师”“最亲切的老师”“最可爱的老师”。然后，一项一项地给老师们颁奖。遗憾的是，为他们付出最多的班主任，却什么奖项都没有。因为她既不幽默，也不亲切，她是一位工作严谨、不善言辞、很负责任的班主任。或许正因此让学生冷落了她。

课后，她伤心地跑来告诉我。我到她的班级里，问学生：“你们知道，什么样的老师是好老师吗？知道好老师的标准不是唯一的吗？”他们不说话。我告诉他们：“只要有利于你们健康成长的老师，就是好老师。这个标准不是唯一的，是丰富多样的。可以用四季来形容不同的好老师。有的老师像春季，温柔温和，让人倍感亲切；有的老师像夏天，活力四射，让人备受鼓舞；有的老师像秋天，深沉深刻，让人免于肤浅；有的老师像冬天，尖锐冷静，让人免于冲动。还可以用各种文体来形容，有的老师像长篇小说，博大精深；有的老师像微型小说，精巧新奇；有的老师像散文，优雅美丽；有的老师像诗歌，含蓄深沉；有的老师像幽默故事，风趣诙谐；有的老师则像杂文，尖锐甚至尖刻，但却让你的思想保持清醒。每一种老师都有其不足，但也都各有其优点。你们上次评价的标准，只考虑了自己喜欢不喜欢的问题，却没有考虑自己需不需要、对自己有没有帮助这个问题。你们选出来的老师都是好老师，可是还有一些老师很好，我们却没有去发现和肯定。这对老师未必是公平的，对你们自己呢，也是不够负责的。我们人生中需要各种各样的老师，才能让自己得到较为全面、健康的发展。”

奇怪的是，我这么说了之后。同学们重新思考了评选标准，又增加了几个项目，他们把“最负责的老师”的奖状送给了这位班主任并向她道歉。从此，同学们对老师的认识和评判，有了更为客观公允和成熟理性的标准。

时下，多数学校都把学生民意测评，作为教师评价的内容和方式之一。如果我们刻意要和学生保持距离，不让他们明白“好老师的标准”“好课堂的标准”等有关“行规”，他们的评价，对教师、对管理者有何价值和意义呢？我们很容易稀里糊涂地不知道自己作为教师的真实面目，要么容易自以为是，要么容易自怨自艾。如同面对一面模糊的镜子，我们如何能够发现自己脸上的丑陋和美丽？

教师
只是凡人

教师只是凡人

看到过一篇文章，谈关于什么样的人可以当教师这个问题。作者说，一个教师自己居住豪华的大房子或者有两三套房子，他就不配当教师，因为对教师而言重要的是人生价值，而不是物质财富；假如一位教师非名牌不穿，他就不配当教师，因为教师要追求的是精神卓越；一个教师自己爱喝酒抽烟，他就不配当教师，因为他怎么能有资格教导学生热爱生命珍惜健康？最后，作者说，我知道自己做不到，所以自己不去当教师。

这篇文章还刊登在一本比较有影响的教育刊物上。我看了之后，感到有些无语。

“教师是太阳底下最光辉的事业”“教师是人类灵魂的工程师”“教师是蜡烛，燃烧自己，照亮别人”等等。每当提起教师职业道德，或者每逢教师节，人们都喜欢用这些最美好的字眼来赞美教师。

我一直对这种神圣化的赞辞心存警惕。神圣化的结果，通常是妖魔化。凡是有些头脑的人，都不难从我们的媒体和舆论中发现这个规律。

人们把教师神圣化后，就难免要求教师“去人化”，教师们只能“存天理，灭人欲”，努力做圣人或者完人。他们不能过凡人的生活，不能有凡人的欲望和缺点。否则，就不配当教师，就不是一个好教师，就容易被打入十八层地狱。

从媒体上，我们看到更多的不是出现了多少真正“神”或“圣”的教师，而是出现了许多“妖”或“魔”的教师。十多年前，湖南的尹健庭老师，始业教育的时候，教导学生为了幸福生活而读书，比如考上好大学，娶个好老婆，生个漂亮孩子等等，结果，有记者断章取义地攻击他教育学生读书为了“挣大钱娶美女”，当地教育部门迫于舆论压力，只好将他开除。

最近几年，类似的例子也不少。有心的人，只要在网上看看那些教育方面的所谓“负面”新闻和跟帖，就可以知道，现在有多少人对教育、对学校和教师带着挑剔、憎恶、嫉妒甚至仇恨，而不是理解、宽容、提醒和批评的心理，这种心理，已经到了病态的地步。

神圣化教师有意无意地成了妖魔化教师的伏笔和前奏。我们教师一定要对此有一个清醒的认识。我们不要奢求社会对我们有多少偏爱。我们只需希望全社会真正把教师当作一个凡人看待，当作一个凡人去关心，去爱护，去尊重，去宽容。

教师真的只是凡人。

我这么说是有原因的。对教师的期许和对教师的要求，那是两种不同的语境。一个是带着感情、饱含希望和期待的浪漫主义和理想主义情怀，一个是立足于现实的、实事求是的科学态度。我们长期以来混淆了这两者，常以感性的理想化的道德希冀来定义客观、普遍而严谨的职业要求，因而给教育、给教师带来了许多不必要的误解和麻烦。

比如，有人说教师是天底下最光辉的职业。这句话，用来感谢和赞美教师的奉献精神，作为对教师的期待和激励是可以的。但如果要以此来较真，那么，教师们就会问了，既然是最光辉的，那么，这个光辉在哪里呢？为什么不给教师天底下最高的待遇？为什么不给教师最高的地位？为什么教师中许多优秀的人最终都选择到“不光辉”的职业去了？

当然，从事其他职业的人，听了也会反问。比如医生也会反问：“难道我们治病救人，不是最光辉的？难道还有比生命和健康更重要的吗？”警察也会问：“难道我们就不如教师了？没有我们保驾护航，还有人民财产和生命安全以及生活的安宁吗？”军人更有充足的理由问问：“难道我们用青春和热血铸就钢铁长城，还不如在教室里和学生说说话光辉？”……

许多美好的字眼，用来表达赞美、感谢、关心、安慰和鼓励、期待，都是可以的。千万不要把这种非理性的善良的愿望，当作一种现实的职业标准和要求来评判教师。现实的职业标准和要求必须是经得起反复的推敲和论证的，不是一厢情愿、一时冲动的产物。

再比如对“为人师表”几个字的理解。许多人认为，为人师表就是说，凡是教师要求学生做到的，教师自己一定要做到，要处处为学生做表率。其实这句话是有特定的条件的。有一个学生没有穿校服，被值周教师扣了分。他大胆地跑到我办公室质问说：校长，你们老师不穿校服，为什么要求我们学生穿校服呢？老师自己都可以带手机，为什么不允许学生带手机？老师都可以烫发，为什么学生不可以？老师可以佩戴项链，为什么学生不可以？老师自己可以化妆，为什么学生不可以？……

我没有对这个学生说一番大道理，我只是说：孩子，我问你，老师可以结婚，可以养活家里的老人和孩子，你可以吗？老师为什么叫作老师，而学生叫作学生呢？

他一时无语，继而说：老师，我明白了。

我们该让学生明白，教师要做表率，是在人格修养和学识学问上多做表率，而不是要求教师变成一个方方面面都优秀的全能的或者完美的学生。教师就是教师，学生就是学生，师生平等，不等于师生同律。这是一个常识。无论社会如何发展，都不该抹杀这种常识。

在教育越来越被人关注，教师越来越容易成为舆论的伤害对象的时候，我们迫切需要还原教师的“凡人”角色，尊重教师应有的“凡人”的天性，还原教师作为凡人的正当合理的诉求。这是教育以人为本的需要。

以人为本，不仅要以学生为本，还要以教师为本。不把教师当人看、当正常的人看，用任何美好的、花哨的、亮丽的词语来扼杀教师的正常人性的做法，都是不人道的，也是不现实的。只有真正把老师当人看，更多的时候把他们当普通人看，让他们充分张扬自己的人性，充分享受普通人应有的自由、尊严和快乐、幸福，甚至也享有普通人应有的犯错误的权利，对教育和教师的关心和尊重，才真正落到了实处。

为人师与为人父母

我认识一位特级教师，他在学科教学方面在省内颇有影响力，他自己的儿子却是当地有名的“问题生”。据说，谁和他在一起，都不大好意思提起家庭教育的事情。他在别人面前也从来不敢主动提起关于孩子的话题。

“连自己的孩子都教育不好，还算什么特级教师！”有人如此评价他。

类似的议论，也常发生在一些教师身上。我有一位朋友，他的孩子在班级里犯了点小错误，结果孩子的班主任不客气地对他孩子说：“亏你父亲还是区优秀班主任呢！”

在教育学生的时候，充满自信，在谈起自己的家庭教育的时候，却又羞于启齿，这成了许多教师的“心病”。因为他们觉得，自己要成为一个好教师，首先就是自己的孩子要教育好。他们一旦发现自己的孩子并不出色，就不得不承受一种巨大的舆论压力：教不好自己的孩子，就不是一个好教师。

关于这个问题，我有不同看法。

首先，子女教育问题，不全是教师个人的问题。教师子女的成长受父母双方甚至双方老人的影响，并非教师一个人所能完全左右。教师工作时间长、工作压力大，使得教师子女尤其是中学教师的子女，很少能够像别的孩子那样有充裕的时间和父母交流，也难以享受到当教师的父母的耐心和教育智慧。尽管教师在教育上的确会有一些优势，但没有了时间和精力，教师职业的这个优势就无法发挥，而且还成了劣势。仅从这个角度讲，教师就真的是一个奉献的职业。教师们如果只顾着打理好家庭教育这块“自留地”，他们就恐怕很难在别人的孩子身上投入那么多的时间和精力了。

其次，教育子女和教育学生是两件不可混淆的事。子女教育属于家庭教育，而学生教育则属于学校教育，这是两个不同的范畴和概念。教育子女的时候，教师是父母，教育学生的时候，教师才是教师。每个角色都有不同的任务和特点，在孩子这里，你只是父母，孩子需要的是父母式的关爱和启蒙式的教育；而学生需要的是系统完整和严格规范的教育。两者分别需要不同的教育艺术。一个优秀教师不一定是一个优秀父母，一个优秀父母也不一定是一个优秀教师。孟子就很赞成“易子而教”的做法。鲁迅先生也说过：“孩子是要别人教的，毛病是要别人医的，即使自己是教员或医生。”

第三，关于什么样的孩子才优秀，是一个值得讨论的话题。对于教师子女的优秀与否的评判，应当有一个科学的标准。什么叫优秀？什么叫不优秀？从现有的观点来看，大都是比较感性的结论，而且依据主要是有没有考上重点中学或重点大学，说白了就是分数。而对大学毕业后的发展情况，则好像并没有列入考察范围。这种标准并不科学合理。人生是一场艰难而漫长的比赛，而且每个孩子并不在同一个赛场上，更不在同一条跑道上。你如何评判他们的优秀与否？

第四，如何评判一个人的人生价值？在价值多元化的今天，很难用统一的标准来评判谁比谁更成功，谁比谁更卓越。在我国，有一个很不好的价值附加习惯，就是常说的母凭子贵、妻以夫显、子因父荣。这种思想下，一个人的价值大小并不仅在于个人贡献和成就的大小，还常常要经由别人来彰显。或许正是受此不良传统影响，才出现了现今众多的“拼爹”“拼叔”的怪现象。而比较谁的孩子读书好的“拼子”“拼女”现象，是不是也同样无聊可笑呢？

个人价值，归根结底还是在个人，在个体本身。每个人如果最大程度发掘了自己的潜能，最大程度实现了对社会的贡献，那么，就他的个人而言，就实现了最大的人生价值。每个人都有权利实现个人价值的最大化和最优化。一位教师如果在教育教学岗位上取得了优秀的成就，他就是成功的教师。其他方面的缺憾，比如子女教育方面的平淡，并不足以否定他作为一名优秀教师的价值和地位。

其实，这种尴尬并非教师独有。医生子女常常有不少是胖子，健康问题并不见优势；军人家庭孩子有不少不服管教的，看不出纪律严明；领导子弟也多自我自私，毫无领导风范；艺术家子女也不缺庸俗不堪者，难觅高雅的艺术气质；企业家子女挥则多挥霍浪费及时行乐的，全无经营财富意识和能力。俗话说的“龙生龙，凤生凤，老鼠的儿子会打洞”并非总是有理，“无限朱门生饿殍，几多白屋出公卿”的现象反倒常见。每个人都在生活中的各个方面扮演不同的角色、承担不同的任务，这些不同的角色和任务虽然相互联系，但是并不能混为一谈，更不可以相互否定。所以，教师大可不必因为自己的孩子并不出色就自惭形秽。

当然，无论从社会的需要，还是从教师家庭自身的需要而言，教师都要努力把自己的孩子教育好。教师要妥善处理工作和家庭之间的关系，确保在做好学校教育工作的同时，投入必要的时间到自己孩子的教育上，履行好自己的家长角色，给自己的孩子多一些时间，多一些关爱，让自己的孩子成为一个对社会有较大贡献的人才，努力做到家庭和事业的双赢。毕竟，“烛高亮远台下黑，桃李芬芳子难成”是教师人生的莫大遗憾。

向工作索取什么

教师或许已经习惯了被人称为“奉献”的职业，所以，时常就忘记了其实也该学会索取。

教师该向工作索取些什么？这个问题，其实和“教师该奉献什么”同样重要，同样值得我们每一个从事教育的人认真思考。

我强调教师要学会索取，主要有两层含义。

一是我们不必回避索取，也不要否认回报。假如我们有足够的勇气，我们就得承认，我们中绝大多数人，在从事教育之前，都考虑过教师的待遇问题，尤其是工资奖金等一系列和我们个人以及家庭的命运和幸福息息相关的东西。这些也正是我们劳动付出应得的回报，我们事实上也从来不曾拒绝过这些回报。我们不要觉得自己天天在“无私奉献”，也无须给自己贴上这种不切实际的标签。一旦我们真的像过去那样一个个被“无私奉献”了，不能讲待遇，只能讲贡献，那么，最终遭殃的恐怕不仅仅是我们，而是我们的教育，是我们的下一代，甚至我们的民族了。

二是我们要懂得该向教育索取些什么。近些年来，随着教师地位的不断提高，我们已经较好地解决了物质上的“温饱”问题，师范大学身价一路飙升，越来越多的人对教师职业情有独钟。现在，一个问题急迫地摆在眼前，当物质条件得到较好的保障之后，我们还该向我们的职业索取些什么？巴金说，“我们不是单靠吃米而活着的”，一个人该追求点精神上的东西，精神上越卓越、高贵、独立、丰富，他的生活就会越精彩，他的成功感和幸福感就会越强，而他对社会的贡献也必然更多更大。教师是社会良知的呵护者，是人类文明的传承者，是学生精神成长的引领者。教师在追求物质待遇的同时，更该追求精神上的自我提升和完善。一名教师，唯有当他学会在他所从事的日常教育教学中索取自己的尊严、荣誉、价值、快乐和幸福的时候，他的教育生命才是丰富而完整的。

这个问题看似多余，事实上并非人人都懂。

受社会消极心态的影响，一些教师越来越浮躁。他们对工作的索取，只有一个“钱”字。他们以为职业的价值，只是提供物质财富，却未曾意识到，还要借此获得精神上的财富，比如快乐、满足、价值感、成就感以及甜蜜幸福的感情（师生情、同事情、与家长的朋友情等）。他们对学生和家长态度冷漠，对同事感情淡漠，对工作缺少激情。在房子越来越大、身上穿的衣服越来越贵的同时，他们的情绪却时常处于一种不满足和不满意状态。他们有时觉得为领导而工作，所以喜欢盯着领导的身影和脸色；有时觉得为学生而工作，所以爱对学生横挑鼻子竖挑眼；有时又觉得为学校而工作，所以对学校厌恶诅咒，视其为地狱。他觉得什么都是浮云，只有钱才是硬道理真快乐。然而，寄希望于不断增加的薪酬来获得恒久的快乐，对于教师职业而言，显然是不现实的，没有人能够给你天天发钱，而且教育工作绩效评价的复杂性，也决定了教师工资不可能像工厂工人那样“按件计酬”。结果就是，他们的快乐短暂而稀少，只能在愁眉苦脸、唉声叹气甚至怨天尤人中度日。他们看到别的同事通过几年的努力，成为特级教师或者名优教师，心里不免失落，甚至嫉妒，回头看看自己，一直在乎的那几个钱，丝毫没有比别人增加，反而让自己在其他许多方面都远远落后于人家了。他们于是又陷入自怨自艾、自暴自弃，在诅咒中苦等着漫长岁月之后的退休的到来。总之，哪里有他们的身影，哪里就有消极的声音、颓废的气场和不幸的生活。

一个人只有懂得自己究竟该向工作索取些什么，懂得工作对于他的真正意义所在，他才能够更好地去工作，并获得更多的回报。当一个教师立志要让自己成为一名优秀教师的时候，当他立志用教育工作来证明自己的价值的时候，他就一定能够让自己的视野和胸怀一下子开阔起来，他就能够迅速站到一个更高的角度去审视每天看似烦琐无聊的教育工作，终有一天成为名闻一方、令人羡慕的名优教师。

这里谈到“名”和“优”，我认为，两者是互为因果的：一名教师学会自我改造、自我提升和自我超越，到了足够优秀的时候，他就必然会成名成功；一名为广大学生、家长和同行以及社会所接受和肯定的知名教师，一定是一位有足够实力和实绩的优秀教师。

有志向的教师，不必讳谈功名。我认识许多特级教师，其中一些不仅在全省，甚至在全国有一定的影响力。在和他们的交往中，我感受到，他们懂得如何用心经营自己的人生，如何合理规划自己的职业生涯，他们也并不掩饰自己对成功和成名的渴望。他们认为，一个要立志干大事的人最要忌讳的恰是对金钱、对物质的过分迷恋和贪婪。他们中有许多是在欠发达地区和省份工作，他们有许多机会到发达地区去追求更高的待遇和更好的生活，但是，他们却安于自己的家乡、自己长期生活和工作的那片土地，日复一日地站在讲台上，演绎着一道道动人的风景，享受着教育给予他们的快乐和幸福。

李镇西老师在一次讲座中坦率地说：“从全国来看，班主任当得比我好的大有人在，语文教得比我好的也大有人在，为什么我就可以到处做报告，而许多人不行？因为我能够写出来，能够说出来。”他提醒老师们，要学会提升自己，不要永远做一个默默无闻的老师。

任小艾老师主持了一个“班主任专业化”课题，她每年都在全国各地为许多实验学校做班主任工作的培训和指导，她的目标是要培养一批“三能”型的名优班主任，引领班主任队伍走向专业化。三能，就是能做、能说、能写。她强调一个人只有这样，才能避免成为一头只知道一圈一圈地拉磨的“驴子”，那就是让自己长出卓越的翅膀来，成为一匹能飞翔的骏马。她毫不客气地说，驴子和骏马哪个更快乐、更成功，不言自明。

朱永新教授有一个著名的“保险箱”的故事，就是他和老师们打赌，一名老师如果坚持每天写1000字的教育随笔，他十年后一定能够成功成名，如果不成功不成名，他可以给他们一定的“赔偿”。他的以“共读共写”为重要方式的新教育运动实践已经证明，不需要十年，两三年就可以让一位普通的教师迅速成长为一名知名度较高的优秀教师。在他的实验区里，已经有一大批名优教师脱颖而出，成为当地或者全国有一定影响力的名师、名校长。

人大附中校长刘彭芝有一本很不错的书，叫作《人生为一大事来》，很值得一读。这个书名来自陶行知先生的那句名言“人生为一大事来，做一大事去”。每个教师都应该意识到，自己肩负着某方面的重任，这个重任是别人无法替代的。这样，他就会每天用研究的眼光、用新奇的心态去对待工作中的每一个细节；这样，他每天走进校园的时候，能够意识到，他不仅仅是为了一个月增加几百元的待遇而工作，他是在为自己而工作，为证明“天生我材必有用”而工作。这样，他的每一天的校园生活，都充满了诗意和快感。当然，他离教育的成功和幸福自然也就不远了，甚至可以说，他已经在安享教育的成功和幸福了。

谁看谁的脸色？

有位校长在向别人介绍学校管理经验的时候说："我这个人从来不会摆领导架子，我也不会使脸色，我当普通教师的时候，就最讨厌整天给人脸色看的校长。"

这是一位温和敦厚、令人敬重的校长，是我见过的最谦和最亲民的校长。他有许多在别人看来耀眼的头衔，比如全国优秀教师、特级教师、副局长和教授级教师等。可是，在学校里，只要不是正式场合，很少听到有人叫他校长，大家都喜欢叫他老师。

环顾周围，有许多这样的好校长。他们不一定有特级教师等耀眼的头衔，但他们非常务实、谦和、宽厚、好学。他们每天总是满面春风地走在校园里，向遇见的每一位师生微笑问好，把自己对教职工和学生的关爱、对生活和教育的热爱传递给身边的每一个人，让每个见到他的人如沐春风、轻松愉悦。

也有一些学校领导的作风截然不同。他们喜欢使脸色，装深沉，摆威严。

有一位校长，为了让自己在学校里显得"威严"一些，在行政人员内部做过明确规定：你们管我叫刘正，管别的副校长叫某副，比如，陈副、周副、刘副。这位校长非常担心自己这个姓刘的正校长和别的副校长们混淆，或许尤其害怕和姓刘的副校长混淆。这位校长有一个突出特点，就是喜欢虎着脸训斥人。所以，同事们甚至副校长都很怕他。有老师出差了，或者替学校购物垫了钱需要去报销，善于察言观色的办公室主任就会告诫大家：不要去，刘正这几天心情不好。这时候，谁要是敢冒险进去找他签字，他准会对你一顿痛斥："没看见我忙着吗？报销那么着急？现在学校没钱！"一般的老师准会被吓得半死，对自己的鲁莽行为懊悔不迭。

不仅校长爱唬人，在一些学校，连主任也爱吓人。有这么一位领导，他当主任的时候，老师们说，看见校长倒还好，看见他就怕。这位主任对工作极为负责，在管理上也有一定的水平，可不知为什么，他就喜欢阴沉着脸，背着手，一圈一圈在你的办公室门口或者你的教室门口转悠，哪天他不高兴了或者看你不高兴了，就会踱进门来，检查你的备课和上课情况，查了之后，绝对不会肯定你的什么优点，他一定是找你的缺陷，然后，阴沉着脸，对你一顿训斥，让你觉得自己一无是处。除了对上级领导和极个别背景特殊的教师外，他的微笑是不肯轻易给别人的。遗憾的是，这位主任后来几经周折当了科长，依然保持了这种作风，据下面的校长们说，局长来视察还不怕，就怕他来。说怕，其实是厌恶，他们很讨厌看见他那张领导脸、权威脸。据说，只要他在场，其他科长们都别想发表意见，因为他觉得只有他的才是最权威的。庆幸的是，这位高人不是校长，更不是局长，否则，一所学校乃至一个地区的所有的老师和学生们都要遭殃。一个整天阴沉着脸的一把手，让老师们整日里都战战兢兢、汗不敢出，学生们难道还能够阳光灿烂地生活吗？

和朋友的家人一起聚会，朋友家读小学的孩子得知我是校长，就伸了伸舌头，表现出可怕的脸色来。他说，我们的校长不会笑的，她喜欢阴着脸很严肃的样子在校园里走，同学们都怕她，看到她向她问好，她也不回答，就走过去了。然后，这位小朋友还逐一点评了他们学校的领导，哪个哪个很温和，哪个哪个很严肃，哪个哪个很可爱，爱憎之情，虽是小儿，也很分明。

曾参加一期校长培训班。吃饭时，一位在我看来温文尔雅的校长说："出来学习一下真好，大家都彼此放下面孔，很放松。回到学校，就不能这样了，你总得和老师们保持距离，否则，他们就不怕你了。"据说，他是当地的一位名校长，在管理方面极有水平。一位在任多年的名校长，还坚信要依靠不苟言笑的脸孔来保持领导的威严，我实在觉得万分悲哀。

校长面对的是教师，是一群引领学生心灵和精神成长的知识分子。他需要让他的老师们有独立的精神和自由的思想，唯有如此，他的学校才能培养精神独立、思想自由、富有创造力的年轻一代。校长不好好研究如何依靠自己的人格魅力和学识能力走进教师和学生的心里去，不好好研究如何让教师和学生在校园里快乐地工作和学习，而是琢磨着用这种简单甚至拙劣的方式来吓人，那么，即使有众多的头衔，也仍然不是一位优秀的校长，更谈不上是什么学者型、专家型、教育家型的校长了。

人和人之间需要保持适当的距离，距离产生美。领导和下属之间，老师和学生之间，学校和家长之间，都是如此。但这个距离，是一种美的距离，不是吓人的距离，更不是做作和虚伪的距离。学校管理说简单也简单，只要你是真诚的、善意的、负责的、谦和的，即便你的工作方式有些不足，你也一定能够为老师们所接受，实在无须装出一副钟馗脸来吓人。

领导脸色难看，有一部分是由于个性使然，其人善，其心亦和；也有一些是由于工作压力大，自我要求高，实在开心不起来。对这些人，我们不必苛责。但也有一些是刻意使然，他们喜欢使脸色，目的无非是要让老师们看你的脸色行事。这其实说到底是一种奴性化管理，把自己当作一个土皇帝，把下属、老师和学生当作自己的奴仆，让他们在意自己的想法和尊严却又捉摸不透自己的意图，这样，让自己显得高深莫测，令人敬畏的效果也就出来了。这样，你发号施令，人家就会唯命是从，不敢怠慢了。

从心理学上来分析，那些喜欢使脸色、喜欢老师们看他脸色行事的校长，大都出于对自己的一种保护，是底气不足、自信不够、内心怯弱的一种体现，也是对此的一种刻意掩饰。一个真正对自己的人格魅力、学识修养以及管理能力有着足够自信的领导，是无须使用这些蹩脚可笑的方式的。人往往就是如此，越是内心怯弱自卑的人，越要把自己包装得高大傲慢，而越是大气自信的人，反而更显得谦卑平和。

当然，如果说非要看什么脸色的话，我倒以为，最好是领导多看看老师们的脸色。比如，哪些老师最近气色不好了，哪些老师最近心情不好了，看出问题来了，当领导的，特别是当校长的，就可以去了解他、关心他、帮助他，看看他究竟遇到了什么困难，看看自己究竟能够在生活上和工作上为他提供什么帮助。这样的领导，才是真正服务型的领导，也才是真正有大爱和大智慧的管理者。

老师也同样该如此。我们的一些老师，特别是班主任，为了在学生面前保持所谓的威严，总装得深沉可怕，实在没有必要。在我看来，当老师的，反而要多看看学生的脸色为好，因为教育，也是一种服务。学生需要的时候，也是教师提供教育服务的时刻。教师一定要多观察学生的表情，感情问题、睡眠问题、考试成败、同学矛盾、家庭变故等，这些都是可以从他们的脸上看出来的。一个心里有真爱而又情感细腻的老师，是绝对不会漠视学生的脸色的。

使脸色吓唬人的作风，可以休矣。

你在为谁而工作？

很长时间，我都在思考一个问题：老师究竟为谁而工作？

我思考这个问题有着现实的困惑。比如，有的人明明自己的业务素养还远没有达到可以高枕无忧的地步，却早已不思进取，惰于学习；有的人在学校领导在的时候，表现相当的积极、殷勤，而一旦领导出差，就换了另一副懈怠和傲慢的面孔；有的人整天骂学生过日子，说当个老师没奔头没好处，却依然天天在学校里煎熬着自己，也煎熬着别人……

有些老师们好像并不明白自己为谁而工作。他们总像在替别人而工作，抱怨工作太辛苦，抱怨学生太无情，抱怨家长不识好歹，抱怨教材变来变去，抱怨学校条件太差，抱怨校长好久没有发钱了。

“为谁而工作”这个问题在过去一定可以毫不犹豫地用最高的调门回答：为社会主义而工作，为祖国的教育事业而工作，为中华民族的振兴而工作，甚至为全人类的解放而工作。

这些回答都很崇高，但并不符合许多人的内心实际，也不是最真诚的回答。我向来很反对类似的大话和假话。你去问问种地的农民，他在为谁而种地？你去问问工厂里的工人，他在为谁而工作？你去问问医院里的医生，他在为谁而工作？如果他们不是超凡脱俗的伟大人物，也不是极端虚伪的投机分子，他们一定会说，首先是为自己而工作。为了养家糊口，为了给孩子读书，为了给父母治病，为了造房子，为了买车子，为了自己有个好日子。他们的回答没有任何高尚的词汇，却充满了人性的真诚之美。

可你去问问老师们为谁而如此辛苦地工作，可能没有多少教师会说出为国家教育事业而教书这样有崇高动机的话来。但会有许多老师说“为学校”“为学生”，唯独少有人坦诚而勇敢地说：为了我自己！——尽管他们中绝大多数当初就只是为了自己将来能够有份好工作有个好日子而报考师范大学的。

这些年一直在参与招聘教师的工作。每一个应聘者在面试的时候，都表现出对教师职业的高度认同，对教师职业的艰辛有着充分的思想准备。问他们怕不怕吃苦，他们会说，不怕吃苦，如果有幸能在贵校工作，我会好好珍惜，一定不会抱怨苦累。问他们可愿意当班主任，他们会说十分愿意，无论学校安排什么工作，一定会愉快接受。他们如此低调，心态良好，是因为他们已经尝尽了找工作的艰难。可一旦得到了这个机会，他们中的一些人就失去了这种务实的心态。有的年轻老师，工作不到三年，甚至不到一年，就开始抱怨。让他担任班主任，让他替学校做点事，他都会找出许多理由来推辞。至于工作多年的老师，则更容易出现自我职业定位错位的现象，从而出现了严重的职业倦怠甚至懈怠、怠惰和堕落。

总之，靡不有初，鲜克有终。有的教师一开始还能明白工作对于他自己的意义，时日一久，就觉得好像不是在为自己工作，而是全都在为学校和学生而工作，即为“别人”而工作。一个人一旦觉得凡事都和自己无关，自己所做的一切都在为他人作嫁衣裳，那么，他就难免要心态失衡了。不平之心、不满之心、不愿之心、不悦之心、不忠之心、不义之心，也就随之而来了。情况严重起来，就变成了职业倦怠、懈怠和堕落。

强调要为自己而工作，情况就不一样了。当每个人都意识到，这项工作干不好，他将失去薪酬，失去生活保障，失去家庭幸福，失去尊严感和安全感，他就会像当初那样万分珍惜自己的工作，就会认真面对每一天的工作。如果每个人都能明白每一天都在为自己更美好的未来而工作，为自己实现更大的人生价值和职业抱负而工作，他在工作中就会拥有更多的乐趣、更大的动力。

在你走进办公室打开备课本的时候，当你踏上教室讲台的时候，当你把学生找出来谈话的时候，如果你的心里有一个强烈的意识：我在为自己工作，为自己的生存保障而工作，为自己的生活尊严而工作，为自己的生命价值而工作。那么，你就会心甘情愿、心地光明、心情愉悦地去工作，不会总是期望得到什么意外的补偿，也不会常常奢望得到额外的回报。你的内心里一定会多一些释然、淡然、安然和怡然。你一定会是一个快乐而出色的教师。

我在这里反复强调这一点，不是为了否定为人民为社会为祖国为民族而教育的崇高性，只是希望绝大多数平凡的老师们，能够有更务实的职业定位、更良好的职业心态、更高尚的职业操守，从而延伸出更高远的职业追求。

一个人只有学会为自己而工作，对自己负责之后，才能更好地为他人、为集体、为社会而工作。农民是为自己而坚守土地的，医生是为自己而坚守病房的，工人也是为了自己而坚守机器的，我们老师自然也首先是为自己而站在讲台上的。如果每个人都学会认真履行自己选择的那份职业的职责，他们也就自然而然地在为社会为国家为民族而做贡献了。

当我们无愧于自己的这份工作和职责的时候，我们也就离崇高不远了。

领导，请学会感动

写这个题目，不是把自己当“领导”，而是努力让自己始终从普通老师的角度来看待学校管理者。

写这个话题，还是因为我最近翻阅了以前的笔记本。在我办公室里有一本笔记本，零零碎碎地记录了一些老师们的动人细节。比如，某老师一次告诉我们学生经常利用中饭时间跑到哪个网吧去上网，后来我们就查出了一大批逃到校外网吧的学生；某班主任的老母亲从江西老家来宁波看他，他却几乎每周都睡在学校，没法回家照顾思儿心切、远道而来的母亲；某年轻老师虽然和女朋友处于热恋中，但因为当班主任，所以开学半个多月来竟然天天守在学校；某女老师自己的孩子连续发烧几天，由丈夫带着在医院里打吊针，却无法去好好陪一阵子；某老师近来不仅当着班主任，还给人家代课，一周二十多节课，喉咙都嘶哑了，说不出话来；某老师为了和个别对学校意见比较强烈的家长沟通，白天上班晚上家访，直到深夜11点多才回到学校宿舍；有年轻的女教师因为没有时间回家，她同样年轻的丈夫就经常带着4岁的女儿来学校，陪她睡在学校十多平方米的小房间里；有两对教师夫妇一起当班主任，一起早出晚归；有一对教师夫妇为了学校多次承担起许多人都不愿意担当的繁重的值周工作，而且异常认真负责……

我是分管学校德育工作的，平时习惯记录些东西。看到笔记本上的这些动人的故事，尽管有的已经事隔一两年了，但读来依然令人怦然心动。

学校里每天都有一些值得感动的故事在发生。学生那里，老师身上，每天都有许多美丽的东西值得我们记录。校园因为有这么多令人感动的细节，才变得温暖而可爱。

那天开班主任会议，我提到了上述令人感动的事例，说着说着，自己又一次被感动。尽管我仍然像每次会议一样，坦率地指出了老师们工作中的一些不足，但老师们却没有多少不平之气。会后，一位老班主任坦言：你今天说的事很令人感动，我们班主任平时太辛苦了太累了，真的需要你们领导这样表扬表扬。

她的话令我惭愧。我向来不敢把自己当领导看。在许多人看来，“领导”已经成为一种高高在上者的称呼，“领导”总感觉让人有一种距离感、敬畏感……很遗憾，虽担任过许多年的中层和校领导，我始终找不到那种志得意满的当“领导”的感觉。

如果真要把自己当领导，我觉得就需要每天扪心自问：我有能力引领和引导老师们吗？我能够引领什么，引导什么？要引领和引导，首先你必须要深入了解老师们的内心，可是我了解吗？我真的了解老师们的难处、苦处和可敬可爱之处吗？尽管我的心底里敬重每一位敬业爱岗的老师，特别是班主任老师们，但由于性情急躁，加上对工作要求比较严格，很多时候，我还是习惯于批评和指责，鲜有对老师们的肯定和赞赏。

想起一些领导的作风。他们只看重结果，不看重过程；他们擅长看问题，却不善于发现亮点；你工作做得好，他不会热情地肯定你，他不虎着脸，就算是对你的奖赏了；你要是干不好，你所有的努力都不会被承认；他可以当着家长的面骂班主任，也可以当着全校老师的面让一位迟到的职工站在会议室前面；他还可以动辄对身边的工作人员甚至副校长像对待“下人”一样随意训斥。有这样的校长带领，自然就有了一些类似的副校长和主任们，自上而下，就形成了一种把老师当“奴才”的官僚作风。他们平日里爱拿腔作调，一不高兴，就用手中那点可怜的权力来给你穿个小鞋，然后让你有苦说不出，只好乖乖对他“俯首称臣”。

这样的领导，你如何指望他能够为你所感动，为普通的老师们所感动？在他们看来，所有的一切都是应该的，因为他会想方设法利用自己的权力把你的责任和义务无限制扩大，然后，以此来压你，逼你就范。他要的不是你心服，而是行为的顺从。老师们丰富的内心世界在他看来是可以忽视的，因为他自己就是个缺乏丰富的精神世界的人。他一心只会向上看，因为他的利益在上方，他哪里有什么真正热爱教育的心。他反复告诉老师们要热爱教育事业，他自己却根本不爱教育不爱教学；他要求老师们热爱学生，他自己却不认识几个学生。这样的领导，你要他怎么感动？

曾在一所学校工作，那所学校的班主任早晨要监督学生起床做早操，晚上要监督学生熄灯后睡觉，基本上是早晨5点半起床，晚上10点多回家。就是这样的任劳任怨，有的领导还是动辄训斥老师，很少听到有一两句温暖的肯定。有的领导还“自豪”地扬言：“我这个人是不大会表扬人的，你们做好工作是应该的！”

一个不会发现老师之美、不会被老师感动的领导，如何能够被学生感动？在他们看来，每个学生只要成绩好了就行，竞赛要拿奖牌，运动会要拿奖牌，中考高考要出好成绩，目的不是为了学生本身，而是为了自己的述职报告数字好看一点。不过，奇怪的是，有的校长对某些学生的态度之谦和、对某些家长的态度之恭敬，远远超过对待自己的老师。不必惊讶，这些学生能够给他的政绩增色，这些家长能够给他的仕途引路。

“有幸”听到一位“企业家”的高论，他说：很坦率地说，管理就是“玩人”，就是“摆平”，你把下面的人都搞定了、摆平了，他们听你话了，替你好好干事了，就好了。

非常“佩服”这位坦率的企业家。他的理论其实并不新鲜，我们的一些学校的管理者们，早已深谙其道，在“玩人”方面的造诣绝不亚于他。只是，教育者们说起话来，稍微动听些罢了。

说了这么多，还是觉得，能够被老师们感动的领导还是太少，真正关爱老师们的领导也还应该更多一些。

不要奇怪，我们的学生为什么不容易感动。不要去责怪他们没有感恩之心，凡是抱怨学生不懂得感恩的老师，你看看自己，然后，再看看你的领导，就会明白，问题的根源究竟在哪里。

忙碌是最大的成就

今天我干了些什么？我做这些有什么意义？我究竟有多少收获？

每天快结束的时候，我都会这么追问自己。

当一次次发现自己忙忙碌碌竟没有多少值得自豪的东西，我的心里就产生了极度的厌倦感。或许，这就是职业倦怠吧。据说，教师的职业倦怠，已经给教师的心理健康和事业发展带来了严重影响。

毫不怀疑这种说法。一个人长期觉得自己的工作毫无意义，就会否定工作甚至自己生命存在的价值，这样就容易出现严重的心理问题。教师职业的特点，决定了教师不可能轻松地生活。在激烈的教育竞争面前，他们没有太多的选择，但这并不意味着，教师只能选择倦怠。教师应该过快乐的职业生活，前提是他愿意做自己的心理医生，有意识地去医治自己内心深处的那些倦怠感。

比如，2011年5月12日那天，我就经历了前所未有的“倦怠”，然后，我努力让自己走出了这种倦怠感。

那天感冒刚好一些，喉咙很疼，无法说话，加上工作繁重，感到异常疲惫。而在自己的工作清单上，还有许多事要做，其中一些已经一再被耽搁和推迟。心情自然不是很好。

上午，一位原本当过学校领导的家长来找我。他的孩子现在正和一位同学陷入热恋。他和爱人做过许多努力，甚至狠狠地打了孩子一顿，孩子依然故我。他感到束手无策，就来找我，希望我找他的孩子谈谈，帮助解决这个情感问题。他们夫妇在我这里坐了一个多小时后才离开。

送走他们，我预备写点东西。校长派人来找我，有事商量。

我从校长室出来之后，正是大课间时间。一位学生来到我办公室，他是某个班级的班长，也是校学生会干部，很有能力，班主任希望我给他鼓鼓劲，让他多参与班级管理并处理好学习和工作的关系。我和这位学生谈了二十多分钟，当他离开我的办公室的时候，上课铃已响过五分钟了。

东西暂时没法写了。我赶紧利用空余时间批改作业，并为下午的课做准备。

突然想起，带学生去欧洲交流的事还没有办妥，又赶紧给宁波市外事办打电话，我请求办事人员尽快给我办理手续，所幸那位办事员态度很好，答应给我办好，并让我下午去拿。

打好电话，王副校长过来商量如何处理一位违纪学生的问题。

接近中午的时候，又有一位家长来找我，他的孩子犯了错误，而且，他和孩子之间的对立情绪比较强烈，他很难和自己的孩子进行有效沟通，他希望我和他儿子谈谈。他说，你和他谈谈，一定会更好些，拜托了。这是一位关系比较亲近的朋友，也是一位教师，我和他就他孩子的问题谈了近一个小时。

中午吃过饭后，在学校食堂附近站岗值周。

回到办公室，门卫打电话来，说有家长想见我，说是区内某校的领导介绍来的，是来为孩子处分的事找我说情的。我们校领导班子已经讨论通过了处分决定方案。我实在不想见他，也没有时间和精力和他见面，我婉言拒绝了。

作为值周教师，我转了一圈校园后，实在疲乏。于是，回到房间休息了半个多小时。

下午，温州一所学校的领导要来参观我校的励志教育，让我介绍介绍。我让信息中心老师在电子屏幕上打出了欢迎词，又请王副校长帮我联系了水果店，送来三篮水果，让办公室主任分好。

下午第一节本来是体育课，体育老师外出参加教研活动了，我于是就用来上语文课，因为要到老校区拍毕业照，下午第四节我的语文课只能改成自习了。

课上了一半，温州的那位校长打来电话，说车子已经到校门口了。

我赶紧给王副校长打电话，让他先迎接客人，陪着客人看看校园。

我上完课后，赶紧找到那位校长，陪着他们一行参观校园，然后到接待室，让团委王老师给他们先作介绍，我作补充。因为喉咙疼，没有办法多说话，我尽量轻声地说。

其间，我又联系校车驾驶员，让他到宁波外事办帮我拿带学生出国的批复文件。

王老师介绍完，去上课了，我和客人们继续进行交流。

之后，和客人们在校门口合了个影。

合影完毕，已经快到4点钟了，我们和客人告别，匆匆赶到老校区，和高三学生一起拍毕业照。

一个多小时后，总算拍完了。5点多钟了，顺便去小学接儿子回家。

回家的路上，接到多个电话，有两位老师告诉我和人更换晚自修值班的事，有德育主任告诉我一位受处分学生的家长还想找学校论理。

在校外和儿子一起匆匆吃过晚饭，赶到学校。

先去校园巡视，尽一个值周教师的职责。

回到办公室，准备备课。突然想起，要上交两份表格，一份是被评为开拓创新党员标杆的先进事迹材料，一份是学校创业先进集体的事迹。

好不容易填写好一份表格。有人推门进来说，厉校长在吗?

我抬头，见到一位戴着眼镜、气质儒雅、身材高大的中年男人。

我说："请坐，有事吗？请问您是哪位？"

他说，他是某某的家长。

我一下子明白了，就是前一天某班主任告诉我要见我们学校领导的那位家长。他的孩子违反学校规定，被予以记大过处分。听说这位家长对自己孩子的处分比较有想法，他觉得学校处分过重，而且质疑学校对他孩子的处分缺乏依据和事前的教育。年轻的班主任多次向他解释，他还是有想法，决意要来找学校领导。

我一直不愿意在处分学生这种问题上单独和家长见面，因为我担心会引起不必要的麻烦。

他居然不请自到了。

他说，他是看了我网上的一些文章后，决定来找我的。他说，对我的教育理念和方法很认同，所以想私下找我交流一下有关他孩子问题的一些看法。我们就教育问题坦诚友好地交流了看法。他最终也理解了学校的决定。他说，他希望我能够帮帮他孩子，找他孩子谈一次话。我说，可以，谈几次都可以。因为，毕竟他的孩子也是我们的学生。

和家长的谈话持续了一个多小时。这位家长走后，我又到教学楼看了看教师值班情况，晚自习就下课了。

于是到校门口维持秩序。

待到学生散尽后，回到办公室和王校长一起交流有关学生处理以及和家长沟通的情况，又到二楼德育处和杜主任交流了有关情况。

处理完这一切，已经是晚上9点半多了。桌上依然有两摞作业堆放着，像两座山，压在我的心头……

那天本来是打算让自己静养的，少说话，多喝水，多休息。原本还计划写一篇文章的，可回到家的时候已经很晚了，除了草草记录一天的工作，就没有做过别的，甚至没有休息。

睡前躺在床上看书的时候，回忆一天的工作，感到分外的烦躁，觉得自己这一天都被琐事杂事缠住了，实在没有一丝成就感。我唉声叹气地和爱人诉说自己的苦恼的时候，爱人劝慰我说，你现在为忙碌而苦恼，等到你没事干了，你会更加苦恼。

爱人的一句话，令我豁然开朗。

的确，许多人连忙碌的机会都没有啊。你看，他们想找一份工作，忙忙碌碌地工作，然后养活自己和家人，可是现在，有多少人还徘徊在就业的大门之外呢？当然，有更多的人，披星戴月、忙忙碌碌，却连最基本的生活要求都难以满足，那些到了年底还忙于讨薪的民工们不正是如此吗？

我的忙碌，原来是我的幸福所在啊。

细想来，忙碌，更是我的价值所在。

比如，这天有三位家长来向我求助，还有一位班主任请我帮忙，这正说明他们对我的信任。我的这些工作，看起来好像和我的个人发展没有直接关系。但是，作为一名教师，能够在教育工作上被他人需要，这不正是证明我的价值所在吗？是的，被人需要，恰是价值和意义所在。如果一个人的存在，对别人来说已经毫无意义，那才是个人的莫大悲哀。

再如，一天下来，我虽然四肢乏力，口干舌燥，倍感疲惫，但是，反过来思考，这恰好证明我没有虚度光阴，我所做的都是学校需要我做的事，也是家长和老师需要我做的事。我既然是学校副校长，又是一个班主任，是一位许多人眼中的好老师，我所做的又都是与我的岗位职责密切相关的事，这不正说明我无愧于我的职责吗？

再如，温州的校长远道而来，要听我介绍德育工作经验，这不恰好说明我们所做的工作值得他人借鉴吗？更何况，有朋自远方来，不亦乐乎？

如此说来，我不仅不该抱怨自己的忙碌，感慨自己的碌碌无为，反而应该为自己能够忙碌而感到庆幸。因为，忙碌本身就是价值和成就。

这让我想起美国加州那个卖掉自己的牧场四处去寻找金矿的人，他不知道，金矿其实就就在他自己的脚下，从他手里买过牧场的苏特上校发现了金矿，获得了令人羡慕的巨大财富。

我们总是习惯于追逐工作本身之外的意义，比如一本本荣誉证书、一篇篇署名文章、一个提拔任命文件、一串动听的头衔、一笔丰厚的奖金等等。殊不知，我们最大的价值和成就恰在于工作本身。

以前，我动辄会有上述那种失落感和惆怅感，我的生活充满了失控感。忽而是学生出问题，忽而是家长来访，忽而是领导莅临指导，忽而是讨论学校工作，忽而是要参加什么会议，忽而是要写什么材料，忽而是陪着前来考察的客人们参观校园，然后向他们介绍学校工作。总之，我越来越发现自己不是自己了，自己不像自己了。特别是看到教育论坛上和教育杂志上那些比我年轻的教育精英们一个个踌躇满志、成果丰硕的样子，就觉得自己实在庸庸碌碌，虚度年华。

我的这种倦怠感，也不难从其他老师身上发现。我和一些有追求的老师们谈话的时候，也总能听到他们和我一样感叹：整天忙忙碌碌，却不知道忙什么！失落惆怅和苦闷之情，溢于言表。有一位非常能干的主任说，唉，我这整天忙碌的，实在不知道这些有什么意义，我只想当一个普通老师，什么杂事都不做，只教两个班级的书。其实，这位主任每天都在高效地工作，他在管理和教学等方面都很能干。

没有成就感，的确是困扰许多老师的一个普遍性的问题。他们常觉得自己终日忙碌，都在为他人作嫁衣裳，因此会时常面临一种碌碌无为的悲哀。他们没有发现忙碌的价值和意义。

撇开那些诱惑人的东西，比如一本装帧华丽的证书、一笔丰厚的奖金、一套豪华的房子、一句溢美之词、一个耀眼的头衔等等。当我们把自己当作一个单纯的教师的时候，我们就会发现，教师职业的真正意义，正在于对他人的成长特别是对学生的成长有所帮助。

不管人们如何看待和对待我们，我们应该善待自己，学会发现自己平淡的教育生活中的意义，发现忙碌的工作背后的价值。我们要始终确信：能够工作着，忙碌地工作着，就是一种最大的成就和价值。这样，我们的每一天的生活，就会富有成就感和尊严感。我们就不再轻易对自己失去信心，对生活失去耐心。

善待年轻教师

准备统计一下三月份的各科测试成绩，顺便可以发现学生在各科学习中存在的一些问题。按照我们的通常做法，各学科老师每个月会对学生本阶段学习内容进行一次检测。其他各学科教师都已经把分数给我了，只有某学科还没有。我让课代表向老师反映一下这个问题，课代表最终拿来一份成绩单。

我仔细看了看，觉得有些疑惑。班级里一位学习成绩非常差、学习态度很一般的同学，这次居然和第一名的同学并列第一，88分。还有几位一直很优秀的同学，这次政治成绩却连平均分都没有到，甚至不及格，这个成绩恐怕不能反映学生的实际水平。我于是问课代表原因。课代表说，班级最近有过一次该学科的测试，但由于试题出了些差错，只剩下20道选择题的成绩可以计算，后面主观题的题目老师没有改过，也不计入成绩了。

客观地说，这位老师选择试卷不慎重，学生考试后又不全部批改，而且只拿选择题来按照比例计入月考成绩，这种做法实在不妥当。说得不客气一点，这位年轻教师做事情有点草率，甚至有点“不负责任”。我于是打电话找她来我办公室。

我先感谢她对我班级工作的支持，并告诉她，同学们都喜欢她。我又和她聊了聊她家里的事，得知她每天要开车一个小时到学校来上班，家里还有一个不到一周岁的孩子。或许是这个原因才导致她没有时间全部批改测试卷吧。我委婉地提出对这次检测成绩的疑惑。我告诉她，我担心，这个成绩统计进去，会影响一些同学对自己本阶段综合学习状况的一个判断，有一些同学会受到打击。我征求她的意见，是不是可以不把这个成绩计入总分。

她明白了我的意思，说："好的，不用计入了。"接着，她又说："那这样好了，我今天再给学生进行一次检测，今晚就批出来，明天早晨给你分数可以吗？反正我现在手头有试卷，给学生一个突然袭击，也能反映学生的实际水平。"

我说，如果你不觉得麻烦，那也可以。毕竟我们班级只有28个人，我想，她批改应该是没有问题的。

我向她表示道谢。

第二天，她果然给了我一份成绩单，我看了看，比较客观，符合学生平时的实际水平，我向她道谢。

这个事情就这么过去了。我反思自己和她交往的点滴，我没有带丝毫教训的意味，也没有给她下过结论，甚至没有过明确的指责。我努力以一种让她自己心领神会的方式和她谈话，避免她受到伤害。——尽管，作为一名年长的老教师兼副校长，我的确可以就此坦率地批评她。但我想，这是一个年轻教师，她平时上课是认真的，同学们对她评价也不错。她的家离学校远，而且小孩还小，工作中出点小疏漏很正常。我们没有必要动辄以"责任心"等问题来拷问或者指责人。我不知道我的谈话是不是给了她压力，在我自己，是努力不想让她感到有一丝压力的。我只是努力以一个班主任、一位年长的同事的身份，请求她理解、配合和支持我的工作罢了。

我们很容易习惯于指责年轻人如何如何。20世纪90年代，我刚分配的时候，有老教师倚老卖老，指责我们这些新分配的教师不懂规矩、没大没小。后来，我发现，那些习惯指责年轻教师无责任心和恭敬心的老教师，他的心底并不阳光，他们以世故代替成熟，以机巧代替智慧，以圆滑代替稳健。他们可以在领导面前一副诚惶诚恐的样子，回过头，又竭尽恶毒的言语予以攻击谩骂。

有的领导也习惯于欺压年轻教师，动不动就要给年轻人“做规矩”。他们在一些资深的老教师或者有背景的教师面前笑靥如花，对那些没有背景的年轻教师则拉着一张黑脸。我年轻的时候，曾带三名学生参加过金华地区的一场迎香港回归现场电视辩论赛。这是副校长让我带队参加的，我也已经向有关部门请了假。那天早晨，我们从学校出发，拎着包往车站走，不想路上遇见了一位领导。他阴沉着脸，用严厉的声音叫住了我，质问我：带着学生干什么去？不是要早自修吗？

我恭敬地向他做了解释后，他还是沉着脸说：以后要向我请假！

跟我去参加比赛的那几位学生多年后还向别的老师说起这件事，说，这位领导怎么这样对待老师？这位领导哪里是在对老师说话，简直是在训斥学生！单纯的学生不知道，即使对待学生，也不应该用这种态度。

也有不一样的人。最近看《中国德育》杂志，其中有采访著名教育家于漪老师的文章，问她为何对待年轻教师这么热情，无私提携？于老师说：“中国教育的希望在中青年教师身上，他们手里掌握着国家的未来，影响着中华民族的伟大复兴。”

有这种意识的人，有这种胸怀和视野的人，才是真正的教育大家，也才能成为真正的大家。那些动辄倚老卖老，以知识和道德权威自居，玩弄权术，肆意打击、伤害年轻教师的人，无论如何是成不了这样的大家的，也赢得不了别人的真正的敬重的。

对年轻教师，我们需要严格要求，不能放手不管，对于他们的缺点我们需要加以教育引导。如果有一些严重的不负责任的行为或者不符合教师职业道德的行为，我们要理直气壮地加以制止和纠正。年轻人也应该学会谦虚谨慎，尊敬老教师和领导，虚心向书本学习，向实践学习，向身边的同事特别是那些年长的同事们学习，学会合作，学会担当，潜下心来，认真研究教育教学工作，避免过于自我和浮躁。然而我们绝不能依靠自己年长或者有点小小的影响力和话语权，就对他们妄下结论，或者摆着一幅黑脸来教训他们。要知道，我们也曾经年轻过，而不久之后，我们也终将把所有的一切都交给现在的年轻教师们来担当。

听多了老师们说，学生一届不如一届；听多了领导们说，教师一代不如一代；更听多了社会上的老人们说，世道一年不如一年。我们身边感叹“一代不如一代”的九斤老太们，实在多如牛毛。

结果呢？那些自认为年轻时候就境界和水平都高人一等的九斤老太们，都已经一个个“仙逝”了，但社会还是在一天天进步，日子还是在一天天改善，生活还在一天天美好起来。

还是牢牢记住毛泽东同志当年在莫斯科大学对中国留苏学生说的那句话吧，“世界是你们的，也是我们的，但归根结底是你们的。你们青年人朝气蓬勃，正在兴旺时期，就像早晨八九点钟的太阳，希望寄托在你们身上”。

每个学校领导和老教师都应该明白，教育的未来，最终是属于年轻教师们的，最终也得依靠他们这些年轻人才行。有一日我们离开讲台的时候，我们会惊讶地发现，他们其实可以做得比我们更好。善待年轻教师，就是善待教育的未来。

莫把教师当商品

一位毕业不久的教师在自己的博客上写了大学时候多门科目补考的往事。这位单纯的教师还把他的博客告知了学生和家长。没想到，此举引起了轩然大波。他的学生家长联名向学校写信，说这样的大学毕业生素质太差，不配当他们孩子的老师。据说，校方最终迫于压力，撤掉了他的班主任职务。

听说这个故事后，我哭笑不得。家长的这种举动有些让人莫名其妙。如果他们知道了梁漱溟没考取大学，蔡元培让他当了北大哲学系的教师；知道了沈从文小学没毕业，胡适却把他请到中国公学的讲台上；他们会不会去状告这些在他们看来“不合格”的教授学者？如果他们知道钱钟书先生当年考清华数学成绩只有15分，而吴晗和季羡林先生高考数学则分别是0分和4分，他们是不是该状告教育部，让这些大师们下岗？

一群习惯于以分数来衡量自己的孩子的家长，必然也习惯于用分数来衡量教师。这究竟是家长的浅见，还是我们学校乃至整个教育的短见所致？

作为家长，希望自己的孩子遇到好老师，这是可以理解的，毕竟教师直接关系到孩子的成长。教师因此要注重提高自身素养，努力对自己的每一堂课负责，对每一个学生负责。如果抱着一种“混碗饭吃”的态度，敷衍塞责，上的课让人不忍卒听，做的事和说的话丝毫都不像个教师，那么，你就是误人子弟的庸师。对于这样的教师，家长有必要维护自己孩子的权益，向学校检举，责令其限期整改，甚至有权利要求其下课，以免贻误更多的孩子。

但绝大多数教师都是爱岗敬业、勤学精教，无愧于教师这个职业的。他们早出晚归，牺牲大量的休息时间辅导学生；他们把自己的孩子锁在家里，却在办公室里和别人的孩子谈话；他们自己的孩子生病住院，只好让老人带着，别人的孩子一旦有点发烧头痛，就立马陪他们进医院。他们或许会说一两句不妥的话，或许有一些不受人欢迎的缺点，但他们热爱自己的工作，也真诚热爱学生。这样的教师，他的精神风貌就是一面旗帜、一种示范，应该得到学生和家长的尊重和肯定。家长如果单纯因为一些小缺点或者能力上的暂时不足，就动辄上告学校，实在不是理智之举。

有家长质问学校："我的孩子只有一个，你们为什么派一个刚毕业的人教我们的孩子，而其他班级都是老教师，难道我们的孩子是试验品？"也有家长告老教师做题目反应不够快，中午和晚自修时间没法给学生辅导，要求学校更换中年教师；还有家长明确说，不希望孩子放在45岁左右的女教师班级里，他们的意思很含蓄然而也很明白，更年期女教师的班级不要放。

听听这种声音，你就知道，在一些家长眼里，教师是什么？教师成了货物架上可以随便挑挑拣拣的鞋子、皮包，或者就是菜市场的那些蔬菜瓜果，太生的不要，太熟的不要，有疤痕的不要……

试问：新教师不上讲台，如何能够变成一个成熟的教师？教师太老了没精力不要，太年轻了没经验不要，更年期前后情绪不稳定又不要，那么，还有多少教师可以教育你的孩子？

试问：你们生孩子之前是否已经是一个成熟的父母？你自己是不是一个优秀的甚至是合格的家长？你的孩子是不是一个优秀的甚至是合格的学生？

我真想奉劝那些缺乏基本理性的家长们，自己在家里给孩子请家教好了，何苦把孩子送到学校来呢？

教育是一项主观性极强的工作，如同家长不可能完美一样，任何一个教师也不可能在传道、授业、解惑等方面毫无缺陷和失误。我们应当对教师多一些宽容和理解，这也是教师能够心情愉悦地投入工作的一个前提条件。试想，教师如果缺乏安全感、尊严感和信任感，终日提心吊胆、惴惴不安，担心随时被告状或者被领导叫去谈话，轻易不敢多说一句话，轻易不敢多走一步路，他们如何能够有发自内心的对教育和对学生的热爱？他们如何能够积极主动且创造性地开展工作？

教育的有效性，关键在于家长、孩子和教师三者构成的良性互动环境。三者形成相互理解、相互尊重、相互信任、相互包容的良好氛围，学生的成长就有了一个保障。教育的成功，任何时候都不单单依靠教师一方的作用，家长自身素质和家庭教育方法也对学生成长有着重要影响，而学生本人的好学、勤学与否更是内因，是关键因素。家长如果一味地苛求教师，而忽略了自己和孩子的作用，这是舍本逐末的做法。

认识一位教授，是浙江某师范大学的，在学校里，他被称为“狂人”。这位教授性情坦率张狂，也颇富才气，深受学生欢迎。他说，自己的孩子在小学里读书，小学老师动辄给他打电话，他一个大学教授不得不乖乖去聆听“教导”。他说，即使有时候老师的观点和做法他并不赞同，但他每次都积极配合老师的要求，做孩子的工作。他说："无论我们自己如何懂教育，但是，我们在孩子面前只是一个家长，我们的孩子需要其他老师的教育。如果我们让老师在孩子眼里失去了尊严感，我们怎么能够教育好我们的孩子？所以，我一直告诉孩子，老师永远是对的，即使老师是错的，他也是为了让你对。"

他对老师的这份尊敬，对老师的地位和作用的这份理性认识，和他平日里张扬狂傲的态度看起来是多么的格格不入，但是却多么令人敬佩。

一个不懂得宽容和理解教师的家长，不可能培养出一个懂得宽容和理解教师的孩子。一个不懂得宽容和理解教师的孩子，长大后也不可能成为一个懂得宽容和理解父母的孩子。这是教育常理，可惜，这些常理却常被我们中的一些人忽视了。

责任并不全在家长，我们教育者自己也有。在有的老师的班级里，无论哪个老师任教，都不会发生此类家校冲突；在有的老师的班级里，却时常容易出现类似冲突，这和老师自己的经验、能力以及意识都有关系。我每次在召开新生家长会的时候，都会举出上面那位教授的例子。然后，告诉家长们：如果你想有一个善解人意的孩子，你就先做一个善解人意的家长；你想要一个孝敬你的孩子，你就先做一个懂得尊敬教师的家长！

在引导学生和家长尊重和理解教师方面，学校和教师自己都该有所作为。

给老师一点自由的时间

某学生在夜自修期间离开教室后，整整两节课没有回来。值班老师着急了，来找我。我赶往班级，路上给班主任打电话，打通了，没人接。

我找了和那位同学关系要好的学生调查情况。起初，那几个学生支支吾吾不说，几经盘问，得知他逃到隔壁班级去自修了，因为在分班前，这位同学是隔壁班级的。

处理好这件事后，我才发现，手机里有两个未接电话，是那位女老师打来的。

我赶紧拨过去。她说："厉校长，不好意思，我没有听到您的电话，我孩子生病了，我今天在家里陪陪她，有什么事吗？我赶过来。"

听得出，这位年轻的女老师，声音里有些不安，像是在向我解释，她为什么晚上回家了。

我赶紧安慰她："不用了，事情已经解决了，你不要来学校了，好好照顾孩子吧。"

我一再向她道歉，说不该打电话打扰她。

放下电话，我真的感到内疚。

这位班主任一直很敬业，她家离学校比较远，却时常留在学校里。这次她一定是以为我检查工作，查到她不在学校了，所以言语中明显充满了不安，这倒令我深感不安。

我们的老师们，常年牺牲自己的休息时间，在学校工作。可我们这些学校管理者呢？是不是可以多替他们考虑一些？是不是可以努力给老师们多一些属于他们自己的时间和空间？可不可以尽可能地减少对他们的私人生活的干扰？

比如，我们是不是可以尽量不要在非上班时间给老师们打电话？

据我了解，在许多学校，有的领导习惯于随时随地给老师打电话：你在哪里呢？你能不能到学校来一趟？我的那个什么事情你能不能利用周末时间给我办好？……

要知道，这会给他们带去多么不必要的干扰和内心的不安啊。

在下班时间给老师们打工作电话，真正该感到不安的该是我们的“领导”，是我们剥夺了老师们的休息权利。我们如果习惯于随意地在休息时间给老师打电话，说明我们的心里面并没有真正装着老师的家庭、健康、快乐和幸福。

不知道从什么时候起，我们习惯了以工作和奉献的名义剥夺自己和他人休息的权利、和妻子孩子团聚的权利、看望老人的权利，所以你的电话随时都要开通着，因为领导随时要找你。我们似乎从来就没有多少真正属于自己的时间。

这种现象不仅仅出现在教育界。这个现象的背后是职责不明、公私不分。职责不明，所以导致职责无限扩大，好像医生必须医治百病，对病人的任何一点反应都得负责；老师必须大爱无疆，包揽一切，随时要为学生枕戈待旦；公务员呢，则好像要战战兢兢、如履薄冰，随时准备迎接突发事件。公私不分，所以，私事变成了公事，公事也常常变为私事。诸多的人浮于事，诸多的丑恶腐败就此滋生。上班期间打毛衣谈孩子，甚至中国的执法车到了老挝的旅游景点，也就不足为奇了。

一位班主任说，他晚上睡觉或者中午休息的时候，开着手机就睡不着觉。可是关了手机吧，又不敢睡，担心万一学校有事找不到他怎么办。

此言一出，附和者云集。

作为一名班主任和分管德育的校长，我又何尝不是如此？有几次，我实在想睡觉，就在中午锁上门，关上手机，靠在沙发上忐忑不安地入睡。醒过来后，就立马打开手机，看看有没有未接来电和短信。

当老师们没有自己的时间成习惯了之后，连家长都觉得你是铁人不该休息了。有家长给我们打电话说：“你们老师怎么中午和晚上都没在办公室啊？我孩子想去问问题，都找不到人啊。”我说：“你孩子是什么时候问的？”她说：“中午和晚上啊，还能什么时候？”

我说：“对不起，晚上班级里有老师坐班，除此之外，我们有老师在学校里值班，但是，我们并不要求所有老师晚自修都在学校上班，因为老师们也要休息，像你们一样休息啊。”

这位家长不说话了。她或许发现，自己真的把老师的义务或者说责任无限度地扩大化了。在我们教育界经常发生这种现象，我们的管理者，我们的老师们，总是努力要给人们、给家长们一种印象，好像老师是从来不需要休息的，好像老师们都是孤身一人，从来没有年迈的爹娘和年幼的孩子。只要你需要，他们随时都应该为你奉献自己的一切。教育，好像成了无所不包的职业。教师，好像成了学生的另一个父母。

听说有些重点中学的老师们，一个月只能休息一天。有学校领导带着班主任来我校考察，班主任乘机向我诉苦说，他们每天早晨5点半起床，6点钟赶到学校监督学生起床，然后晚上等到学生熄灯后安静了才可以离校，到自己的家里通常都10点半了。

我听后，除了深表敬佩之外，就是不胜感慨了。我终于明白老师们没有时间读书的缘由了。老师们每天都被一大堆的杂事侵扰着，每天都被一大堆的作业埋得艰于呼吸视听，他们深夜回家还要履行一个父母亲的职责、一个丈夫和妻子的职责、一个女儿或者儿子的职责、一个媳妇或者女婿的职责，哪有时间和心情再去读书呢?

裴多菲有首著名的诗歌：生命诚可贵，爱情价更高，若为自由故，两者皆可抛。自由是比生命更可贵的东西。可是，自由如果没有了时间的保证，就失去了所有依存的基础。一个人，连自己支配的时间都没有，怎能够享有自由的真正乐趣?一群教师，如果连属于自己的生活都没有，他怎么能够有热爱生活的情趣?如果连属于自己的时间都没有，他怎么可能有卓然独立的人格和思想?

教育的确有太多的无奈。我见过许多有追求的校长，他们被迫在现实中频频低头，不得不延长教师的工作时间来追求教学成绩。作为学校管理者，我对此也深有体会。但我还是要呼吁校长们、主任们，呼吁我们所有的教育管理者，尽量给我们的老师多一点自由的时间和空间，哪怕只是尝试着下班后轻易不给他们打电话。

一个都不能伤害

一个都不能伤害

学校开展升班旗活动，需要各班级设计好班旗。

我向全班做了动员，鼓励同学们积极参与班旗设计活动。

结果，交上来的只有五位同学：佳、雨、丽、余和潇。

应该说，每个人都花了许多时间和精力，几易其稿，才最终拿出一个自己较为满意的方案。

班旗方案最终只能选择一个。怎么办?

我让每个设计者都上台说说自己的设计意图，然后，让同学们投票决定。

计票是我回到办公室后进行的。我看中余的那张，一个环形的图案，中间是一个翩翩起舞的少女，少女脚下是“art”的大写，表明我班的艺术特色，而环形四周是英文“we are class 21 creat wonders never give up”，意思是“我们21班 永不放弃 创造奇迹”，这是我们班的班训。她的设计简洁典雅，主题明确。

投票结果是，雨的和余的差不多。雨的设计的确比较新颖别致，很有创意，她巧妙地把班级的特点和“艺术”“奇迹”两个词融合在一起，而外形看起来又像一只可爱的鸟，实在是令人称奇。可惜，作为班旗或者班徽，这个形象比较繁杂，表意不够简明。不是一般人能够马上看得懂的。我请了几位老师做参谋，他们也都一致认为余的更为合适。

当我最终确定选择余的方案时，心里又感到为难。毕竟，雨的也很不错，其他几位的也都各有特色和亮点。她们的方案没有被选中，会不会感到失落？

当我在班级里宣布最终选择余的方案时，我果然看到了佳和雨眼神中的失落和惆怅。我知道，潇和丽也如此。

但现实就是如此，只能选一个。剩下的问题，就是如何不让这些积极参与的孩子心理受伤？如何不伤害她们参与班级工作的积极性？如何让她们也得到肯定和鼓励？

竞争无处不在，教育却绝不能因此就无视那些遭遇“失败”和“失意”的学生的感受，也绝不能轻易伤害任何一个热心于班集体事务的学生。只有在班集体中感受到被爱，学生才能真正去爱班集体。

对，一个都不能伤害！要努力激励每一个孩子！

我对自己提出了这个要求后，就开始苦思冥想。

突然，我想到了这么几条并马上付诸实施。

一是谈话。我选择了集体谈话，因为这样可以避免个体产生被抛弃否定的失落感。我找了四位没被选中的同学谈话。主要内容是：感谢她们为班级做努力，热心班集体事务；庆贺她们已经先于别人参与了一次很好的设计活动，锻炼了能力，增加了体验，丰富了知识；告诉她们，任何事情都不是以结果来作为唯一的评判标准的，要相信自己的设计有成功之处，没有被选中并不是你失败；要敢于面对现实，学会面对挫折，因为并不是任何努力都是可以达到预期的结果的；鼓励她们继续参与这些活动，班级非常需要像她们这样热爱班级、关心班级的人；鼓励她们为班旗方案的最终确定而鼓掌，让她们愉快接纳这个最终的方案，并学会庆贺别人的成功。

二是奖励。我安排副班长到超市买几个本子，代表班级写上一段话，感谢她们参与设计，肯定她们的设计的独特性，在班级里给她们颁奖。

三是展出。在教室里设计“创意角”，把她们的这几幅作品，在这个展角里展出一至两个月，作为班级创意的一个缩影，给她们一种成就感。

四是合影。给她们这几位参与班旗设计的同学合影，洗出来，张贴在班级里，并作为班级档案备用。

五是备用。告诉她们，今后如果有机会，她们的作品可以另做他用，比如设计班级标志物或者吉祥物等，或者在今后的运动会中使用。

当我一项项地落实了这些之后，她们一个个都笑了，失落的眼神不见了。在我替她们拍照的时候，她们站在学校花草繁茂的湿地公园前，灿烂地笑着，伸出胜利的手势，喊出了“耶”。末了，还安慰我说：“厉老师，你做事情太细心了，其实我们选不上没有关系的。”

我听了之后，不是如释重负，而是倍感欣慰。毕竟，不管她们是否每个人都那么脆弱，是否需要我这般用心呵护，至少，我让她们明白了一点：在我的班级里，我不会让任何一个人受伤，我不会漠视任何一个人的内心。

一件小小的事，我做得如此烦琐，或许有些小题大做。

但我恰恰觉得，教育就是小题大做的艺术。班主任面对的，是一群心态不一、个性迥异、背景不同、情感细腻、内心丰富的青少年。这样的一群教育个体，只有同样心思细腻缜密的人，才能读懂他们、爱护他们，并走进他们的内心世界，从而引领他们的精神成长。像设计班旗这样的事，能否慎重处理，也能看得出一个班主任是否尊重学生的劳动成果和创造性，是否了解学生的心理和心态。学生认真付出过，就渴望得到尊重和肯定。她们在认真付出的背后，是对班集体事务的热心和对展示自身才华的渴望。

如果一个粗心的班主任漠视了这点，简单地看成一次班旗图案选拔赛，选出了一个优胜者，而忽视了其余那些同学的感受，那么，他的教育就会经常出现厚此薄彼、顾此失彼的现象。一旦学生的感情和感受受到漠视或者忽视，他们今后参与班级事务的积极性就会大大受损，他们的健康成长也就成为一种奢望。

一个都不能伤害。这不仅是班主任，更是所有的教育者，在开展工作的时候，应该时刻努力追求的一种境界。

最忌口无遮拦

在一次新生报到会上，我给学生和家长讲话，进行入学前常规教育。我告诉学生和家长：我们学校对仪表的要求是比较严格的，军训报到的时候，学校会专门成立仪表检查组，检查仪表达标情况。如果有不合格的学生，先回家去整改好了再来。头发长的，剪短了再来。当然，也不允许理光头，如果光着头来学校，我们也不让你进校门的，你得等头发长出来了再来上学！

我的后半句话当然是带着玩笑的成分的，我相信，高一新生中是断不会出现这种剃光头的情况的。台下果然笑声一片。

事情常常出乎意料。开会结束后，学生和家长依次退场，我瞥见一个瘦小的男生戴着帽子，脸色苍白。我一下子如被雷击中，心中异常自责。看样子，这是个经过化疗的学生，有些病态。我这样讲话，他受得了吗？

我没有去问，也不敢去问他。

开学初，要准备军训了，学生来学校报到，许多家长陪着孩子前来。一位家长找到我说："厉校长，我有个要求，不知道行不行。我的孩子因为生病掉了头发，总是要戴着一个帽子。军训的时候，可不可以戴着帽子？"

我心里一怵。原来，上次我见到的那个学生果然是患了病的。

我连忙说："行啊，当然行的。"

这个学生就始终戴着一顶帽子参加了军训。

后来，学校安排好了课表，我走到教室去上课，赫然看到，他坐在教室中间。

他竟成了我的学生！

那年我教两个班语文，每个班有近60个学生，过了近半个学期，我还不能准确叫出班上许多学生的名字，却最早记住了他的名字。后来，我知道，他从幼儿园开始就掉头发，后来掉光了，不长；现在在吃中药，稍微长了一点点。我多次找他谈话，向他推荐了一些在我看来适合他的励志书，比如海伦·凯勒的《假如给我三天光明》，记录澳大利亚籍杰出华人青年汪晓雨的成长故事的《亲情托起的状元》，还有戴尔·卡耐基的《人性的优点全集》。我希望他能够坚强乐观，勇敢地面对自己的生活和学习，不要因为这一点生理上的缺陷而受影响。我对他始终心存愧疚。我不知道，我开学时候的那次讲话，对他是不是造成了伤害。假如当初戴着帽子的那个人是我，我相信自己一定会受到深深的伤害，并且将会从内心里厌恶这位口无遮拦的老师。

老师面对的是具有无数种可能性的学生，是来自无数不同家庭背景的学生，他在批评任何一种情况的时候，都要考虑会不会对其中的一类学生或者一个学生造成伤害。当你嘲笑瘸子并学赵本山在《卖拐》中走路的时候，当你在抨击商人的唯利是图的时候，当你说打工者的种种积弊陋习的时候，当你带着同情或者激愤的口吻说单亲家庭子女容易出现心理和品性问题的时候，你可能不知道，你的班里有一部分学生的心里正在淌着血。

教师一旦对自己的学生缺乏研究，对自己的语言缺乏控制和追求，口无遮拦，伤害学生就会成为一种不自觉的习惯。

有过多年工作经验的教师发现：来自某初中或者小学的学生行为习惯普遍较为松散；来自某学校的学生虽然成绩优秀但是心理问题较多；单亲家庭的学生，普遍容易自暴自弃；外来务工人员的孩子，卫生习惯通常不佳；隔代抚养的孩子，容易更自我自私；学习差的学生，通常在其他方面自我管理能力也差一些；那些性格看起来比较内向、孤僻的孩子，更容易有自杀倾向；父母亲中有一方犯罪的孩子容易自卑或者愤世嫉俗；问题生的背后，通常有一个问题家庭或者问题父母；生理有缺陷的学生，通常性格和心理上也比较敏感自尊，等等。

尽管这些现象大都是客观存在的，教师在育人工作中也可以用作参考，但这些结论断不可在学生身上使用。在你沾沾自喜地宣传着你所知道的这些现象和结论并希望以此来显示自己的敏锐、正确和深刻的时候，你不知道，有的学生正带着哀怨、憎恶或者仇恨的目光注视着你。因为或者是他们自己，或者是他们的父母亲，或者是他们的某个亲近的朋友，正符合你所说的某方面的情形。你的话带给他们的，是深深的伤害。粗枝大叶的老师恐怕不知道，他的一个哪怕是多么正确的结论，竟也会给学生带来伤害。而这样的伤害不需要太多，只要有一次，或者有一个人，就已经罪孽深重。

当老师的千万要记住了，任何一句话，出口之前，都要慎之又慎。要好好考虑：我的这句话是不是有些偏激片面？是不是能够给每个人以有益的启示？是不是至少能够确保每个人听了心灵都不会受到伤害？

教师语言的艺术并不完全在于正确与否，而更在于妥当与否，在于是否能够促进学生的健康成长。口无遮拦的最大危害很大程度上不在于伤害本身，而在于通常连教育者自己都不知道给谁造成了伤害。这种隐性的伤害，是教育的大忌。我们有老师觉得自己对待教学尽心尽力，对每一个学生也都至诚至善，可我们发现一些学生居然对自己的付出视而不见，而且，仿佛有着一种敌意存在。也有老师不明白，为何自己在学期民意测评中，那么多学生给他打了不满意。出现这些情况，很可能就和我们平时图一时之快，信口开河，不经意的伤害有关。

在英国著名的私立学校威坎伯阿贝女校的教师办公室里，经常会粘贴着许多小纸条，比如，某同学祖父去世、某同学母亲生病等等，以提醒教师在这段时间里注意课堂用语，避免无意中伤害了学生。有学校从学生中调查出了许多教师忌语来提醒教师，这些语言颇受学生厌恶，比如，“这么简单的问题你也不懂？”“回家叫你爸爸妈妈来！”“你真笨！”“为什么人家就可以做到，你就不行？”“有本事别待在我的班级！”“我管不了你，到政教处去！”“你有什么资格！”等等，不一而足。可见教师语言的重要性。要说好话、说对话，实在不是一件容易的事。难怪哈佛大学校长查尔斯·威廉·爱利奥特要说：“在对一个淑女或绅士的毕生教育中，我认为只有一种智力开发是必要的，那便是精确而优雅地运用母语进行交流。”

教育很大程度上就是说话的艺术，你在多大程度上重视说话的艺术，你就在多大程度上理解了教育的含义，你就在多大程度上实现了教育者的责任和自我发展。如果在你开口之前，不好好思考一下，你的语言可能给一些学生带来什么，你就容易犯教育方面的错误。

老师从事的是育人工作，教育语言不是茶余饭后朋友间随心所欲的闲聊，更不是夫妻家人间无所顾忌的倾诉或宣泄。老师的语言，指向的对象是学生，关乎的结果是育人大事。在对教育对象的多样性和可能性有充分的了解之前，在对自己的语言可能产生的后果有足够的预见之前，教师更不能轻易开口。

没有教师可以一辈子不说错话，没有教师可以做到今天开始就永远不说错话，也没有教师可以准确知道自己所有的话语在学生心中产生什么样的涟漪。但我们如果从今天开始，有意识地重视每天的教育语言，养成时常锤炼教育语言的习惯并学会每天积极地做自我教育反思，那么，我们自己的教育语言，一定会优雅起来，优美起来，艺术起来，智慧起来，最终达到“从心所欲不逾矩”的境界。

那些被我们伤害过的学生

放假了，茜茜等几位学生又来看我了。

每逢假期，她们从大学回来，必要相约一起来看我。

她们在我家里坐着，嘻嘻哈哈地说笑，让我家一下子变得热闹起来。有时候，我在上班，她们就来学校，跟着我到食堂里吃饭，叽叽喳喳，快乐得像一群可爱的小麻雀。老师们见到了，也会很羡慕地说，厉老师，很幸福吧，有这么一群漂亮的儿女来看你。

这时，我会感到非常自豪和欣慰。不过，说起茜茜，我还是有些内疚的。我是高二开始接她们班的。接班时，她高一的老师正告我，这个女生最爱撒谎，平时默写和考试也都爱偷看，你就算抓住了，她也百般狡辩抵赖，而且，她还在谈恋爱。据说，她的班主任一度对她无可奈何。

最初一段时间，我发现她写一手漂亮的字，文章也不错，而且笑脸很单纯甜美，完全看不出以前老师所说的那副“狡猾刁钻”。后来，她渐渐显露出一些偷懒来，时常不交作业，还和一个男生比较亲密。我找她谈话，她就和我唱起了反调。我宣布默写，她就是不写，我说作业不合格要重做，她就是不做，还经常拉上几位同学，语文早读课读别的科目，或者语文课借口上厕所。多次找她谈话无效后，我在班里公开说：“有些同学，不要做得太过分，你如果做得太过分，老师对你也是有办法的，如果撕破了脸，我们大家都没有好处。”

我的这些话，是有着明显的威胁的意味的，毫无教育的艺术感可言。

期末前，她来我办公室提意见，说我让她们背《孟子》和《论语》中的名言毫无意义。“这是浪费时间，而且，你教我们班，语文成绩并没有上升！”她毫不客气地指责我。她的指责是没有道理的，我接她们班后，班级语文成绩明明是有进步的，而且我让她们背诵孔孟名言，是为了把提高素养和积累格言结合，对做人和写作文都有好处。我于是大怒，冲她吼道：“你给我出去，我不想听你说话！你算什么东西，自己的学习都一塌糊涂，你没有资格和我这样说话！”

她一愣，带着她的朋友愤而离开我的办公室。她于是更加懒于学习语文，成绩自然每况愈下。

后来，由于班级里一位同学中途回到老家去高考了，同学们为她举行了送别会，大家哭得稀里哗啦的。她好像忽而明白了师生、同学间情谊的弥足珍贵。而班级语文成绩由原来我接手时候的年级倒数第一，冲到了年级前三名，甚至多次居年级第一，这是她们从来没有想到过的。她和她的朋友就像变了个人似的，居然经常来我办公室问问题，她的语文成绩也提高了不少。

毕业后，最早来看我的是她和她的朋友，经常来看我的，也是她和她的朋友。而且，她们还利用暑假用十字绣绣了一个“静”字送给我。

想起她，想起这些，我就深怀感谢和歉疚。我感谢她和她的朋友们理解了我的急躁，原谅了我的粗疏和粗暴。老师总觉得自己对学生很宽容，殊不知，幼稚任性但单纯可爱的学生通常比老师更加懂得宽容。她们可以以“老师终究是为我好”的理由，一下子就把老师加在她们身上的所有不快记忆抹得一干二净。

同样让我感到歉疚和感谢的学生还有许多。

比如工作第一年，因为班级里有同学丢失了一块手表，我就从一位经验丰富的老教师那里学来一招：让每个同学到我办公室里测脉搏，我把脉搏比较快的同学全都记录下来，然后，结合“作案时间”进行调查，虽然当时没有查出来，但是已经把同学们搞得人心惶惶了。事隔半年，我从另外同学处得到一条线索，一位男生偷了另外一个班级同学的裤子。我于是找来这位男生，经过几番威吓，他终于承认自己偷了裤子，也承认偷了那块手表，我当时气得揪住他的头发就是两巴掌。这位男生居然跪下来向我认错，请求我不要处分他。后来，这位同学见到我，就一直远远地避开。毕业后，在同学群里，他也从来不和我搭话，和其他学生形成鲜明对比。虽然错误是他犯的，但是，教育的错误，我不是也犯了吗？我对他的伤害，又何尝少于他的偷窃行为对其他同学的伤害呢？

比如工作第三年，我和多位年轻教师任教同一个年级的语文，我们都不甘人后，并急于证明自己的教学能力，每天都布置较多的作业，还要见缝插针去抢时间上课。结果，一位学生在随笔中写道：厉兄，请你高抬贵手，行行好，放了我们吧，你知道你的作业压得我们喘不过气来了吗？我们不是学好语文就可以了，别忘了我们是理科生。

我知道同学们是喜欢我上课的，也知道这个同学的话并非毫无道理。但年轻、自尊、敏感、狭隘的我看了后还是勃然大怒。我到班级里，把这个同学的文字读给同学们听，愤然说：我不要教这个班级算了，你们大家投票吧，是不是真的作业量太多了。

同学们自然都坚决要求我继续任教，并说理解我的作业量多，其他班级的语文作业也挺多的。那位同学还当着全班的面向我道歉。后来，有一位同学在随笔里对我说，这位同学称我为厉兄，并且敢用这么调侃的文字写，恰恰是因为我在他们心中像个哥哥一样，很亲切随和。我看了之后，无限愧疚和自责，很久都没有勇气去正视那位同学。

有一回，我上语文公开课，别的老师们都夸我上得好，但教研组长却冷冷地说，你知道，你一节课伤害了多少学生吗？

我倍感惊讶和委屈：我什么时候伤害过学生了？

多年后，我才明白这句话的含义所在。在最初的几年里，在同学们站起来回答问题的时候，如果思路不对头，我总是喜欢调侃他们，同学们听了之后，通常都会笑起来。这样，这位回答问题的同学，就会感到很尴尬难堪。这种玩笑，其实无意中成了一种讽刺、嘲笑和打击。

鲁迅先生曾经在《记念刘和珍君》一文中写道：人类血战前行的历史，犹如煤炭的形成，先是大量的木材，而后才是很小的一块。教师的成长，何尝不包含着教育的一次次失败？何尝不是以一些学生受到不同程度的伤害为代价的？比如喜欢照本宣科，也喜欢让学生一字不漏地记笔记抄参考答案，完全无视学生究竟理解了多少；比如喜欢给学生布置大量作业，把学生当成了作业机器；比如控制不好情绪向学生乱发脾气，把学生当成出气筒；比如动辄罚站，甚至动手敲学生或者用粉笔头扔学生；比如喜欢嘲笑和讽刺学生；比如动不动就占用学生的体育课或者休息时间来讲作业和上课；比如上课枯燥乏味，让学生度日如年，等等。

我这人既愚钝且粗鲁，既急躁且感性，一路走来，不经意间伤及了许多学生，是自然不过的事。我深信，像我一样通过失误和失败慢慢成熟的老师，一定很多。李镇西老师在其著作《做最好的老师》中写道，“几乎可以这么绝对地说，任何一个教育者在其教育生涯中，都会犯这样那样的错误。区别优秀的教育者和平庸的教育者，不在于教育者是否犯错误，而在于他如何对待已经犯了的错误”。接着，他写到了自己多起教育失误的例子，其中有因为迟到而罚站患了白血病的任安妮，包括以玩笑的方式嘲笑患过小儿麻痹的王红川，包括多次打学生……

一些老师在列举自己的成绩的时候，喜欢说自己的学生在竞赛中获得过多少奖，考进了多少名牌高中和大学，喜欢介绍自己是如何促进学生的成长和成功的。很少说到自己是如何从一名懵懂粗疏的年轻教师，成长为一名相对成熟的教师的，很少说到自己在教育中犯过哪些错误，伤害过哪些学生，学生们又是如何宽容自己的过失的。

教师在回顾自己成长的过程中，永远不要忘了，有那么些学生，有意无意中，成了我们的小白鼠。你可以忘了他们的名字，但你不能否认他们对你的帮助；你可以不记得具体细节，但你一定要记得对他们心怀感激和歉疚。

忘却了对学生的伤害，漠视自己的教育失误，教师就不容易有真正的成长。

为检讨的学生鼓掌

开学初，接到汇报，说有学生元宵节期间在城区某地打架。经过调查，是小周和小宋。他俩在打篮球时产生矛盾，那天在街头见到了，小周就冲上去把小宋的眼镜打碎了，还打伤了他的眼睛。

经过谈话教育，学校决定给小周警告处分，并让他做全校检讨。

那是开学初第一次升旗仪式。

校长做完国旗下讲话后，德育处就让小周上主席台向全校同学检讨。

清晨的风不冷，甚至颇有些惬意。但在风中，小周设法自己一手拿话筒，一手拿讲稿检讨，看得出，他的手有些颤抖。

我见状，快步走上前去，给他拿住话筒，让他读检讨书。

他紧张，然而态度诚恳地把检讨书念完。

他念完之后，我看到队伍前面有个别学生好像要鼓掌，大概想到这是检讨，而不是领奖，所以，就又放下了手。

我趁机对全体同学说："同学们，人非圣贤，孰能无过。过而能改，善莫大焉。我们谁都难免要犯错误，关键是犯了错误要敢于承认，要勇于改过。小周同学犯了错误之后，非常坦诚地认识到了自己的错误，而且主动提出要赔偿医疗费，向那位同学道歉。同学们，承认错误也不是一件容易的事，小周同学的这种勇气和精神难能可贵。请你们把掌声送给小周同学好不好？”

学生中响起了热烈的掌声。

接着，我又说：“小周同学刚才说，他今后将要做一个合格的中学生。我们相信小周同学一定会有勇气改正错误。请同学们再一次把掌声送给他，表达我们对他的信任，我们相信他今后不会再犯类似错误了。”

掌声又一次响起来。

我看到小周低下头，很不好意思地站着。

我接着说：“还有一点就是，我相信，一个聪明的人，善于借鉴他人的经验教训，小周同学犯的这种错误，过去也有许多同学犯过，以后或许也难免会犯。我希望，同学们尽量吸取这个教训，小周是一个懂得反省的人，更是有责任感的人，他希望我们引以为戒。我希望同学们能够听取小周的忠告，如果你们有一天犯了错误，我也希望你们有小周一样承认错误的勇气，更有他这样自我反省和完善的信心和决心。我建议，同学们再一次鼓掌感谢小周的忠告，并且祝愿小周在今后越来越优秀！”

掌声再次响起。

这次升旗仪式就此结束。

我下台后。有老师对我说，你这样说真的很好。这样这个孩子不容易受伤。

我是经过深思熟虑的。我近几年的做法是，如果有学生敢于在众多同学面前检讨，即使犯的错误如何严重，我都要予以表扬，并且让同学们为他（她）鼓掌。

首先，当众检讨自己的过失，这对于特别好面子的年轻学生来说，需要巨大的勇气，这种勇气本身就值得我们学习。我接触过许多学生，不要说当众检讨，就是承认错误也是那么的艰难！人家当着这么多的人检讨自己，你能不予以鼓励吗？

其次，上台检讨终究是件令人尴尬的事情，而且通常会被认为是一件羞耻的事。一般情况下也是被迫做检讨的。我们有必要要安慰他，鼓励他，消除他心中的耻辱感，要恢复他的自尊，以免从此一蹶不振。

第三，我们要对检讨的同学给予信任。如果我们简单地把检讨当作惩罚，而不是当作教育，那么，学生检讨之后，除了羞耻感和由此可能产生的仇恨感之外，就再也难以收获别的东西。让同学们为他勇于改过而鼓掌，为他将来更优秀的表现而鼓掌，他就有了一种自重感，不容易自暴自弃。

从这次小周的事例看，第一次掌声，让他在检讨后恢复了尊严，认识到自己还是值得人肯定的。第二次掌声，给了他信任和信心，当然，也是监督和压力。第三次鼓掌呢，则是表达了对他的夸奖和更高的期待以及对其他同学的希望。你看，这三次掌声，是不是不可或缺？

我看到，鼓掌的时候，我们的老师和同学们都是面带微笑的。他们或许也没有想到，我居然要同学们把热烈的掌声一再送给打过架当众检讨的人。

我想，检讨的那位同学，在听到同学们三次掌声后，内心里一定会涌起一片温暖和自信，从此不再低着头走路。他也一定知道了自己今后该怎么做，一定会像过去一样抬起头来大胆地往前走。

给学生继续昂首前行的勇气，是我们采取任何教育惩罚措施的时候，不该忽视的一个原则。

处分决定书的变迁

处分，是学校对违纪行为做出的惩罚，是学生管理中不可缺少的手段之一。处分不仅仅为了惩戒本人，还有教育和警示其他学生的作用。而处分决定书，在其中又起着重要的作用，所以，如何撰写处分决定书也是一个不可忽视的问题。

过去，为了体现处分的权威性和严厉性，处分决定书通常都是用一些严肃甚至严厉的措辞，阐明严正的态度，令人望而生畏。

比如这份处分决定书。

关于陈同学的处分决定

陈同学，男，高一（6）班学生。该生平时对自己要求极不严格，纪律观念淡薄，学习和品行上不求上进。入学以来，经常迟到、早退或者不交作业等，对班主任多次的管理教育采取抵制的态度，对学校领导耐心的说服教育置若罔闻，在任课老师、班主任和政教处老师的多次批评教育与帮助之下，仍然我行我素，屡教不改。

本学期开学以来，他仍然经常无视学校规章制度，肆意迟到、吵闹甚至旷课，并在开学第三星期，就和同桌发生争吵并大打出手。陈同学的行为已经严重违反了我校的学生日常管理常规，在同学中产生了极为恶劣的影响。

为严肃校纪校规，端正校风，惩戒并挽救陈同学，教育和警示大家，经班级申请，学校政教处研究，师生听证会讨论通过，决定给予陈同学严重警告处分。

希望陈同学能正视自己所犯错误的严重性，以此作为一次深刻的人生教训，切实提高自己的行为修养，增强遵规守纪意识。也希望其他同学引以为戒，时刻注意一言一行，处处按照《中学生日常行为规范》严格要求自己，做一个懂文明、守纪律的新时代优秀中学生。

政教处

×年×月×日

这是我十多年前写的一份处分决定书。那时我所在学校的处分决定书，大都如此。这种格式如同法院的判决书，语言刻板，毫无感情，通篇充满批判性、结论性的文字，像是对学生进行道德审判。这种“公文”，让人看了害怕的同时，自然也容易心生仇恨。

多年后，我明白了惩戒效果并非只能依靠措辞的严厉。有的学生受处分后对学校或者相关老师恨之入骨，于是偷偷破坏公物或者破坏政教处人员的有关财产；也有学生就此吸取教训，不敢再犯错误，但从此却抬不起头来，失去了自信；还有些学生觉得脸面丢尽，所以干脆破罐子破摔，自暴自弃。

所以，后来在处分学生的时候，我尽量不用“严重”“恶劣”“极坏影响”“挽救”“痛改前非”“屡教不改”等比较严肃、刻板的字眼；而是在继续维护处分应有的严肃性和权威性的同时，尽量用温和平静的语言，并努力增加一些说理成分，让学生不仅仅“畏惧”校纪处分，更“明白”做人道理。

比如这份2010年4月的处分决定书。

关于高某、肖某同学的处分决定书

高某，高二（4）班学生，肖某，高三（7）班学生。2009年4月13日，在期中考试考外语的时候，肖某要求高某为其提供答案。高某就利用手机给肖某发短信提供答案，被监考老师当场发现。

学校一贯重视考风考纪建设。期中考试前，利用国旗下讲话、主题班会等形式，反复对同学们进行诚信应考的教育，各个考场的黑板上，也写上了温馨提示语言，提醒同学们坚守诚信。遗憾的是，高某和肖某还是做出了错误的决定，选择了自我欺骗。

高某和肖某的行为违反了《中学生守则》和《中学生日常行为规范》中关于诚信做人的有关规定。为了严肃校纪校规，端正考风，浓化学风，同时也为了惩戒本人，经过政教处调查，校长办公会讨论，师生听证会听证，决定给予高某和肖某警告处分。

诚信历来是中华民族的优良传统。一个人缺乏诚信，将很难得到其他人的认同和信任；一个人缺乏诚信，也很难让自己收获成功的果实。经过教育，高某和肖某深刻认识到了自己的错误，并深表懊悔。我们希望高某和肖某以此为教训，克服侥幸心理，更加严格地要求自己，勤奋学习，诚实做人，争取早日撤销处分，做一个优秀的中学生。并希望全体同学引以为戒，认真遵守学校各项规章制度，争做文明中学生。

政教处

×年×月×日

这样的处分决定书比较温和可亲，容易为学生接受，但还可以再多一些情感味、关怀味、鼓励味，让学生放下思想包袱，抬起头来继续自信地生活。

2010年5月份的一天，高一的小张同学和某老师发生了冲突。学校决定给小张警告处分。当要拟处分决定书的时候，我建议先对小张同学做个调查，从班主任那里发掘些小张的优点和亮点。在充分调查的基础上，我花了将近一个下午，拟好了一份非常特别的处分决定书。

关于小张同学的处分决定

小张是高一某班学生，平时为人坦率而真诚，敢于担当责任，也能够给自己提要求，能遵守学校和班级的各项规章制度，曾在班级运动会中，为班级争得荣誉。开学以来，在有关老师指出他作业态度不够端正后，他能够有意识地去努力克服，各方面有了明显进步。

令人遗憾的是，在2010年5月24日晚自习第二节，他因去超市买水回来迟到了，老师婉言批评了他几句，他就感到不耐烦，用粗话骂老师，老师问他说的什么，他更大声地重复了一遍。小张同学在自己犯了错误被老师批评后，不能够冷静地反思自己的过错，接受老师的批评；反而当众口出粗言，伤害一直关爱他的老师。这种行为，令和他朝夕相处的老师和同学们深感震惊。他的行为严重违反了《中学生守则》和《中学生日常行为规范》等有关规定，在同学中产生了不良影响，也深深伤害了关心他的老师。令人欣慰的是，他事后能够迅速认识到自己的过错，主动向老师道歉，并且态度诚恳。正是基于他的这一真诚悔过，学校决定，在确保维护校纪校规的严肃性的同时，对他从轻处分。根据《龙赛中学学生处分条例》的规定，经校长办公会议讨论决定，经全校同学听证会通过，给予小张同学警告处分。

尊师是中华民族的传统美德，也是我们学校全体同学的一项共同美德。同学们遇见老师，真诚地向老师问一声好，成了校园里每天都有的一道美丽风景，也赢得了所有来我校参观交流的同行们和家长们的一致好评。小张同学一时冲动之下对真诚关心他、辛勤教导他的老师做出了不礼貌的举动，我们为他深感惋惜和遗憾，但也为他的及时醒悟感到庆幸。他深刻地认识到了自己所犯的错误，并勇敢地承认了自己的错误，我们对此表示欣赏。我们相信他的悔过是真诚的，我们也感动于他的真诚。其实，每个人的错误都是一笔财富，不仅仅给自己，也给他人提供了今后正确行动的方向。孔子曰，君子见贤思齐焉，见不贤而内自省也。我们每个人要“择其善者而从之，其不善者而改之”。优秀的人之所以优秀，就在于善于借鉴他人的成功经验和失败教训。我们希望，广大同学能够从中汲取教训，生成良好的守纪意识、生存智慧以及生活道德。

人非圣贤，孰能无过？过而能改，善莫大焉！我们有充分的理由相信，聪明的小张同学，会以此为教训，充分反省自己，严格要求自己。我们期待他成为一个比过去更加懂得克制、更能够善于理解和尊重他人的同学，一个更值得他自己、父母和老师都引以为豪的优秀人才。同时，我们希望在校园里，同学们能够一如既往地尊敬师长，友爱同学，关心集体，讲究文明，自律自强，让我们的校园每天沐浴在和谐、关爱、温馨的雨露中。

政教处

×年×月×日

这份处分决定书，下发到各个班级之后，同学们都感到新鲜。也有同学提出疑问说：这是处分决定，为什么有这么多表扬内容？到底还是不是处分？犯了错误就得处分，有必要说这么一大堆好话吗？

和他们一样抱有疑问的同学一定还有许多。或许他们也早已习惯了措辞严厉的处分决定书，他们没有想到，如果受处分的是自己，也一定会更喜欢这种方式。这样的处分决定书没有伤人尊严的道德判断，充满了理解和原谅，也充满了信任和期待。受处分的人看了后，心里一定会少一些挫折感，多一些面对未来的勇气和信心；一定会少些仇恨感，多一些对学校和老师的理解和感激。

处分一个人是简单的，转变一个人却非易事；打击一个人是简单的，扶助一个人却不容易。虽然写这种处分书，工作人员要增加许多额外的负担，但如果能够换来学生更好的成长，这点负担又能算什么呢?

我相信，这样的处分决定书，一定还不是最好的。如果心中装着学生，我们就会发现，自己可以做的事原来还有很多，应该做的事原来还有更多——绝不仅仅是改善处分决定书而已。

一加一减的区别

多年来，在教语文的时候，我有一个习惯，就是喜欢把一个班级分成几个小组，然后，让他们每组轮流写一本日记，叫作小组日记。每一周我都会布置一个题目或者专题，让他们写，然后写一段“自评”，还要请两位同学写“他评”。

有一次，我布置了写人作文。要求学生写自己熟悉的人，写出人物形象，写出真情实感，并提醒他们要注意适当运用景物描写和细节描写来表现人物和情感。女生欣的文章，主体内容是母亲在车站送“我”上车，事件简单，却写得悲悲戚戚，写自己多次“掉下眼泪来”，写母亲多次“眼圈发红”，为了渲染气氛，她还在文章首尾各加了很长的一段悲凉的景物描写。整篇文章虽然文辞较美，但总体而言，显得既啰唆又矫情。

客观地说，我要求写人，作者却以记事为主，人物形象干瘪不鲜明，文章写得并不成功。但作者在“自评”时却说自己“已经尽了力，感觉不错，倾注了真情”，其他评论的同学也认为“语言优美，有真情实感，能打动人心”，“只是写母亲的内容少了一点”，“不失为一篇佳作”。

我不禁有些为难，究竟该怎么打分呢？打80分以下，按照我和同学们的约定得重写。打85分，作文基础并不好的她会觉得自己“尽了力”却仍达不到90分以上，不能得到一个红五角星，可能会觉得委屈，心生失望。在过去，我对类似情况常采用的做法是：先打高分，再减分。比如这次，我一定会打上“90－5＝85”，并在评语中指明她的作文语言优美，重视描写与抒情，本可以得90分，但由于写人事件单一，感情欠自然真诚，所以扣了5分。

但我发现，学生拿到之后，看好了就只是随手一放，并没有进行修改。我想，这次是不是可以尝试新的方法？

我于是采用这种写法：“85＋5＝90”。我又写了一段评语，先是充分肯定了她对写景与抒情的重视以及语言的优美，然后委婉地指出，如果写人时能多些角度与材料，写景时能更加简洁些，抒情时能更自然些，完全可以达到90分以上。最后写上一句话：再努力一点点，就是一篇美文啊！

想不到本子发回去后，这位同学竟自觉地进行了修改，并在当天中午就交了上来。我一看，这一次基本上克服了上述毛病，整篇文章较为成功。我欣然给她打了92分，并在班上公开表扬了她。后来她说这是她有史以来得分最高的作文，从此她写作文的兴趣明显增强，作文能力也有了明显提高。

为何一个简单的改变，会带来截然不同的结果呢？

道理并不深奥。我们每个人都往往比较注重结果。这位学生觉得自己写得不错，对分数的期望值较高，假如我把她的分数减掉，传达给她的信息就是教师对她的否定和打击，就会挫伤她的积极性，引起消极的心理反应。采取加分的方式，她就会认识到，她本来就可能只有85分，假如再稍加努力，就可达到90分。她得到的信息是教师对她的期望和肯定，是正面的激励和引导，就会引起积极的心理反应。简言之，“减”或者“扣”，反映的还是教育者的一种苛责意识，而“加”或者“奖”，反映的则是对学生的一种尊重、肯定和赏识。两种不同的作风和意识，孰优孰劣，不言自明。

这么浅易的道理，我很长一段时间内并不懂，或者说我懂了，却不愿意也无暇去遵循。

我们长期以来已经习惯了按照教师自己的“习惯”去工作，去找学生谈话，去批改作业，去奖励和惩罚。我们很少思考，学生喜欢怎样的方式，也忘记了假如自己是学生又会喜欢怎样的教师和教育。我们依然钟爱各种“减法”：迟到，扣0.5分；作业不交，扣1分；考试成绩退五名，扣2分。“扣”好像成了百试不爽的教育方法。在这种教育生态下，学生不喜欢学习，不喜欢老师，从而不喜欢学校，这是一点都不用感到意外的。

教师的笔下，有学生的喜怒哀乐，关乎学生的成功和失败，不可不慎。

不精彩也要活着

有一位同学在日记里写道："要么精彩地活着，要么赶紧去死！"

我吓了一跳。

后来才知道，这句话出自2010年中国钢琴达人刘伟。

他是一位无臂青年，在10岁时候，由于意外事故失去了双臂。但他凭着超凡的毅力每天坚持7个小时的练习，一年内就达到了钢琴7级的水平。他在2010年"中国达人秀"的舞台上，以精湛的琴艺和自强不息的精神，征服了所有评委和现场观众。面对赞誉，刘伟只是淡淡地说："我的人生只有两条路，要么赶紧死，要么精彩地活着，没有人规定钢琴一定要用手弹。"

刘伟的一句话，道出了他当年面对人生灾难时的艰难选择和决心绽放生命亮色的不屈意志，令人感动，也令人钦佩。对他而言，面对空空的双臂，的确一定有过痛苦和迷惘，也一定想过自暴自弃，但他最终选择了自强不息。这是刘伟当时对自己的一种激励，在面临重大不幸的时候不甘沉沦的一种呐喊，也是一种面临绝望处境时候的自我拯救。

学生容易断章取义，忽略了刘伟此言背后的故事，以为人生只有两种选择，要么精彩地活着，否则就赶紧去死。

人生当然要追求精彩地活着，活出尊严，活出价值，活出生命该有的美丽来。然而世界是个大舞台，有导演，有演员，也必有观众；有光彩照人的主角，也必有默默无闻的配角。并非人人都能成为鲜花簇拥、引人注目的主角，而人生也不可能时刻充满亮色，它会有阴云笼罩的时刻，也会有苦雨连绵的时候。每个人都得学会适应平淡，甘于平凡，平静地接受经常的失败和失意，甚至承受长期的卑微的生活。

在城市的大街小巷里，常能看到衣衫褴褛的乞丐在垃圾桶里翻捡着东西；也会看到一些瘦弱卑怯的身影，躲在街道的角落里，摆一个小地摊，吆喝着卖点便宜货；还能看见一双双粗笨的皲裂的手，在寒冬的清晨，扫起一地披满白霜的落叶；还常能见到，一对沉默的眼睛，守在超市、商场的门口，几乎是跪求着他人的施舍；更会经常碰到一群群民工浑身污迹，在沉沉暮霭中，吹着口哨或是唱着歌，大摇大摆地闯过红灯，向马路对面的小吃店走去……他们经常要遭受斥骂、驱赶、冷眼和歧视。没有人认为他们精彩。或许有许多人惊讶他们何以还要活着：这样卑贱地活着，是不是还不如精彩地死掉?

也没有多少人知道，他们的身上背负着一个个关于生活和生命的沉重然而不失智慧的故事。在他们的生命里，或许永远也说不出语惊四座的哲言，但是，他们懂得最朴素也最真实的哲学。他们懂得，活着本身就是全部意义所在；他们懂得，活着就要学会承担和承受；他们懂得，父母生了自己就要给他们养老，自己生了孩子就要把他们养大；他们懂得，能在这个世界上多看一眼是一眼，多待一天是一天；他们懂得，生命只是一只蝉，在地底下生活三年甚至更长，只是为了换来三个月的歌唱，绝不做更多的奢望。

最朴素的哲学，通常隐藏在这些最卑微的人们艰难的身影背后。

时下，追求卓越，拒绝平庸，成为教育界的流行口号。拒绝平庸，最容易被解读为拒绝平凡。我有一名学生，考了班级第五名，她父亲还是不满意，数落她说："全班不到30个人，第五名也不算好，人家为什么总是考第一名呢？"她委屈得流泪了。她的父亲不知道，她为了这个第五名，付出了多少艰苦的努力。五位教师子女一起中考，两人考上了当地的重点高中，其他几位教师就感到很没面子，觉得自己的孩子太没出息。

生命不是一次为目的的旅途，而是一个过程。活着本身就是意义，并非任何时候都要附加一些额外的东西。附加得太多，只能让生命之舟过早地沉没。可以活得不精彩，但依然要坚强地活着，哪怕卑微地活着。世界不仅仅是强者的舞台，它还是弱者的丛林。

我曾给同学们看澳大利亚那个天生就没有四肢的尼克·胡哲的视频，看着那个在桌子上跳跃着的欢快自信、幽默风趣的"怪物"一样的生命，他们先是被逗笑了，后是感动了。他们意识到：只有甘于不精彩，只有无惧于平淡甚至不幸，才能换来最终的精彩。

我曾给同学们看自己在杭州街头拍的一段视频。绿灯的时候，人行道上自行车和行人如织，两侧车水马龙。一个矮小艰难的身影——一个不到一米四的侏儒——戴着帽子，穿着一件破旧的蓝色卡其布中山装，依靠一把椅子，一步一步在人群车流中挪动着向前。从街的这头到那头，短短的距离，别人走了几秒钟，他走了一分多钟。我问同学们："他为什么还要活着？他何以还能活着？"那些因为新近的一些烦恼和挫折而对生命厌倦、对生活失望的孩子们，一下子就明白了我的良苦用心。

我们理当教育孩子追求精彩，追求生命的极致，但一切的教育，首先应当立足于对生命的尊重、珍爱和敬畏这一基点。离开这个基点，任何天才的教育，追求卓越的教育，都只能导致灾难。

活着，需要崇高，需要精彩，需要卓越，需要成功。可是，当这一切成为你活着的障碍的时候，还不如回到一个简单的起点：好好活着；不好，也得活着；活着，就是一切！

当我把刘伟的经历和我的想法，告诉我的学生的时候，同学们明白了，轻视生命并非一种勇气，选择活着比选择死亡更需要勇气。如我们以足够的勇气和沉静来面对生活的平淡和曲折，我们也就领悟了生命的真谛，精彩也就不期而至了。

一前一后两箱子

那天傍晚，我班班委举行了一次捐款活动。

以前捐款，我们的习惯做法是，团支书或者副班长挨个儿向同学们收钱，好像收税一样。尽管有的同学不愿意，但还是“被自愿”捐了些钱。所以，每逢捐款，即使数额不多，也总是要有人发出些无奈的声音。

把捐款箱放在别人面前，逐个登记。这对同学们来说，是一件尴尬的事情，捐多的担心别人说出风头，捐少的担心自己太寒碜，还有的人甚至由于多种原因并不愿意捐款。事实证明，这种“被自愿”“被比较”的方式，既不受学生欢迎，也并不能唤起真正的爱心。因此，许多学生宁愿自己去买饮料和玩具，也不愿意捐一部分零花钱来帮助别人。

这次，我建议把捐款箱放到教室最后一张桌子上，让每个人走到后面，放好钱，不要签名。而且，捐款时，让同学们不往后面看。

这样，每个人捐款的时候，都是自然的、自由的、保密的。没有人看，也没有人被看。

我原以为，这种方式下一定会有人捐得更少，毕竟我们一个班才28个人，而且绝大多数同学家庭条件不佳。想不到，班长统计之后，居然有四百多元，其中还有一张是50元的。

这对我们班来说，已经是不小的数目。比以前任何一次都要多。

这让我不禁深思。

把捐款箱放到后面，不要签名，不要写数目，体现的是一种尊重。这种非强迫的捐款，才能真正唤醒爱心，滋养爱心。爱心，是不需要监督的，任何一片爱心，都是平等的，都应该得到尊重。爱心也是无法比较的，更不能攀比。这，或许就是捐款箱放在后面给我们的启示。

还有一个箱子，是个垃圾箱。

卫生委员把它放在教室后面，供同学们丢可乐瓶和牛奶罐等，这些都是可回收的，收垃圾的人每周都来一次，每个五分钱。遗憾的是，常有一些同学，会把用过的餐巾纸以及吃剩的苹果核等丢弃在里面，这样，就把这个垃圾箱给糟蹋了。卫生委员一再强调要垃圾分类，不要乱丢，有人就是不自觉，偷偷往里丢垃圾。

卫生委员几次大发其火，我也多次强调，但一切并没有改善。

我不想把这些乱丢垃圾的同学找出来，然后一个个批评。

我想，一定有可以避免批评的办法。

突然灵光一闪，我对卫生委员说，你看，是不是把这个垃圾箱放到教室前面去，接受大家监督？

她说可以试试。

第二天，垃圾箱被放到教室前面。我对同学们说，同学们，这个箱子放在这里，我们大家看看，是哪个同学往里面丢不干净的东西了。我们要学会垃圾分类，而且，我们还要用这些卖钱凑班费呢，我希望前面的同学多监督，这个事就交给你们了。

结果，过了一个星期，没有人乱丢。

第二个星期，还是没有。将近一个月了，也没有人往里乱丢垃圾，里面除了可以回收的瓶子，什么都没有。

把垃圾箱放在前面，每个人就接受了监督。把本来偷偷摸摸的事情，放到阳光底下，放到大家的眼皮底下，就再也没有人乱丢垃圾了。人性的弱点，是需要监督的。在阳光底下，才会让许多人性的丑恶不敢暴露。

简简单单的两个箱子，位置稍做变动，就有了不同的效果。

前者体现的是对同学们的体谅、信任和保护，后者体现的是对同学们的监督和制约，出发点都是为了唤醒学生的良知和美德。

教育有时候就是一两只箱子的事情，就是一前一后的事情。

不知死，焉知生

偶尔在贴吧上看到这么一个帖子：

好想去死。
我妈一点都不理解我，
只看那些考试成绩还有排名，
只要一考差我妈就会骂我，
老师乱骂，班ZHU任每天CHA查这查CHA那，
作业每天一大堆的，
不抄根本做不完啊，抄了又什么都不知道，
最近×中有个人跳楼了，
我也好想跳，好想去死。
要是我跳了是因为学校补课的事，
学校以后会不会不补课了。
……

下面，有许多人跟帖。
有几条是附和的，但是更多的是劝慰的。

“LZ，能告诉我联系方式吗？我们聊聊，手机、QQ、Email都行。”

“要是你这点打击都受不了，让咱情何以堪。”

“LZ，活着就很好。有很多事情还没经历过。轻易说死这东西。死这东西你伤不起啊。发发火，有什么哭出来就好。何必呢。”

“唉，我们都一样。乐观点吧，孩子。生活还要继续。”

“阿弥陀佛！楼主，楼主，跳楼死相不好，卑贱地活下去吧，我们与你同在。”

“再坚持一年，就可以解放了！只有坚持才是真正的解脱啊，LZ别一时想不开啊！”

……

看了之后，一是感动，感动于这么多的同学（或许背后也有老师）如此珍爱生命，看到他的帖子后，能够纷纷宽慰他，以各种方式，含蓄或者幽默地帮助他释放压力，以打消他自杀的念头，哪怕对他来说这只是一瞬间的念头，只是一个玩笑。

二是沉重，沉重得令人久久无法释怀。这位学生，遇到生活学习上的一些压力，就轻易地想模仿别人自杀。或许，这个孩子并非一个真正的自杀者，他只是想借此来宣泄心中的不快和不满。但以死来宣泄，显然是一件值得惊惧的事情。

真正理解死亡含义的人，不会轻言死亡。轻言死亡，只能说是对生命，乃至对死亡的无知。

非独这个孩子无知，和他一样无知的大有人在。据北京心理危机研究与干预中心发布的数据显示：自杀是15～34岁人群的首要死因。中国每年有28.7万人死于自杀，200万人自杀未遂，170万人因家人或亲友自杀而出现长期、严重的心理创伤，16.2万未成年人因此失去母亲或父亲……

不管愿不愿意面对，死亡的悲剧每天都在全国各地上演——

自然也包括学校。

校园自杀事件的多发，其中很多和学校没有直接的关系，学校也无须负什么法律责任。但一个个鲜活的生命相继从校园消失，任何有责任感的教育者都不该熟视无睹。对死亡冷漠，无异于对生命冷漠。学校不该回避死亡这个话题。

可我们历来对死亡问题讳莫如深，一旦学校发生死亡事件，无论是老师，还是学校领导和上级部门，也往往集体噤声，更不要说要拿这些死亡事件来教育学生了。越来越多的校长接受了危机管理培训，他们学会了如何应对媒体、公安、法院、医院、家长、领导、教师和学生等，唯独不曾学会该如何就此对学生进行系统的死亡教育。

谁都不愿意看到死亡，津津乐道于学生的死亡是一件不道德的事。但回避死亡这个话题，我们将无法避免校园里的悲剧再三发生，甚至根本无法降低发生悲剧的频率。生老病死，是人类不可回避的规律，我们应该因珍惜生命而惧怕死亡，可我们不该因惧怕死亡而漠视生命。

该大胆地进行死亡方面的教育了。包括生命为什么会死亡？死亡是什么？哪些情况容易导致非正常死亡？如何避免不必要的死亡？如何对待别人（包括亲人、朋友等）的死亡？如何理解和认识死亡与活着的关系？只有对死亡有足够的理解，才能对死亡有足够的敬畏，生命才能足够地坚韧，生活才能足够地旷达。据说印光大师自己的小念佛堂当中就挂着一个“死”字，他以此来示现自己和信徒们，懂得放下，懂得舍弃，心就淡定了，觉悟了，定力和智慧就产生了。这大概就是劳伦斯《鸟啼》中所说的“向死而生”吧。

真正重视生命教育的人，不会忽视关于死亡的教育。漠视死亡教育，恰恰是对生命的另一种漠视，也恰恰是教育的另一种冷漠或者愚昧。

绝无苛责学校的意思。一些媒体喜兴风作浪、牵强附会，好断章取义、误解曲解，是一个原因；一些家长不明事理，好推卸和转移责任，也是一个原因；盲目冲动的社会舆论和一些愚昧落后然而根深蒂固的思想习俗，也是一个原因。我们的民族历来惧怕死亡、讳言死亡，但我们并不因此更懂得尊重和珍惜生命。

我们或许可以猜测，校园里这么多人死掉了，还是无法有效防止非正常死亡的频发，是不是和我们对死亡的忌讳本身大有关系呢？在科技高度发达的今天，闻死色变依然在教育的领域内有如此强大的市场，是不是一种怪象？

教育是要讲科学的。每个中途离开的生命，都应该成为生命教育的“标本”，既以为怀念，又作为案例。让死者更有尊严，让生者更爱生命；让死者之死更有意义，让生者之生更有价值。

教育有太多的禁忌，就不会有太广阔的天空，学生就不会有太开阔的胸襟。连死亡都讳莫如深的教育，如何能够指望它培养出心智强大的“接班人”？

佩服深圳南山附属学校的那位李庆明校长，学校的一个男生在暑假里跳楼身亡。他没有像绝大多数校长那样对该事件三缄其口或者避之唯恐不及，相反，他力排众议，决定在学校里举行一场悼念仪式。悼念仪式的举行，也起到了李庆明期望的教育效果。在场的人们都哭得泪眼蒙眬，包括那些原先反对和质疑的领导和同事，师生们更加懂得了生命的可爱和可贵。“我只是想让孩子们正视死亡，这样他们才能更加尊重每一个生命”，李庆明这样说。如今，在他的学校，这种正视死亡的生命教育已经成了学校的常态。

这是真正负责任的教育，也是敢于负责任的教育。

不知死，焉知生？

多讲道理，少讲道德

每逢期中、期末等重要的考试，学校总要安排一位教师做一次国旗下讲话。讲话的内容无非是诚信考试，不要作弊。

学生听了多年，对此早已经厌倦，因而说的人老调子，听的人也没意思，效果自然好不到哪里去。

那次期末考试前，安排我做国旗下讲话。我经过认真思考，觉得应该讲点不一样的东西，或者说，尝试从不同的角度来讲这个主题。

那天早晨，升旗仪式结束后，我走上去，以“我们究竟要不要作弊”为题目，以老师兼朋友的身份和学生商量考试的时候究竟要不要作弊。

我从几个方面提出问题供他们思考：我们有什么理由需要作弊？作弊究竟能给我们带来什么？我们从何时开始作弊？我们可能作弊到何时？作弊究竟意味着什么？我们不作弊做得到吗？假如担心考试成绩不好，该怎么办？

我逐个提出问题，又逐个和他们一起分析，然后，供他们自己思考选择。

比如，第一个问题。我和他们耐心分析，作弊的时候基于哪几种情况，这些是不是迫使你作弊的真正理由，让学生们认识到，其实，没有任何理由和借口可以允许自己作弊。比如在作弊的利弊问题上，我和他们详细分析了作弊可以给自己带来什么，投入了什么，产出了什么，使他们认识到，作弊的危害和弊端远多于其“好处”。

最后，我又对同学们说：“我相信，同学们是懂道理的，是有理智的。相信大家在明天和今后的各种各样的考试中，会做出自己正确的选择。”

我的这次讲话，获得一致好评，同学们热烈鼓掌。一些老师也说，还没有听到过这样的关于诚信教育的国旗下讲话。还有的老师向我要稿子，他们说今后可以在教育班级学生的时候参考参考。

这一点，恰恰是我想努力做到的。我就是想努力说点不一样的。但是，这个不一样，还是一个角度问题：我是从道理的角度来讲的，而不是从道德的高度来讲的。讲话中虽然我涉及了道德问题，但基本上是离开道德二字来规劝学生的。我没有给学生下结论，更没有义正词严地批判作弊行为不可取，即没有告诉学生道德选择的唯一答案，而是提出问题让他们自己思考，分析问题让他们自己选择。我站在了一个朋友的角度，和他们平等平和地商量，而不是站在一个教师或者学校领导的角度，“告诉”甚至“命令”或者“威胁”他们必须怎么做或者只能怎么做。

这样的讲话，果然增添了一份新意，更重要的是，我和他们谈是非利弊得失，和他们商量该怎么办，这种形式很容易就走进了学生的心里，使他们能听得进。这次期末考试，全校因作弊被处分的只有一名学生，是几年来最少的一次。虽然不能说全是这次讲话的缘故，但是，我深信，这次讲话是起了一点点作用的。

道德教育，要少讲道德，多讲道理，才更容易为学生接受。因为道德是一个比较严肃、沉重且敏感的词，谁都不愿意在道德上被人训导和评判，而道理就不一样。说道理，大家就有了一种平等的感觉，而且也少了许多忌讳。公说公有理，婆说婆有理，大家都可以说说道理，如果你说得好，说得在理，别人就自然会服理。

庖丁解牛告诉我们一个道理：学会从侧面进入，而努力避免正面交锋。如果拿着厨刀直接去砍骨头，那么，只有“岁更刀”甚至“月更刀”了。道德教育要切中肯綮，也自然要学会尊重教育对象和教育规律，学会从侧面进入，从学生心灵的“软弱处”入手。

著名教育家魏书生老师，凡事都爱和学生“商量商量”，这背后不仅仅是尊重学生，更是尊重规律。只有商量了，发动学生自己去思考、判断、选择了，他们才会成为一个能对自己负责的人，才能成为有自主道德判断力和反省力的人，成为真正“自觉”的人。

多讲道理，少讲道德，也该是一个值得尊重的德育规律。

给惩罚加一勺糖

学校厕所多次出现恶意损坏公物现象。粗厚的水管一根根被踢扁，厕所蹲坑的门多次被卸下，连男女厕所的牌子也多次被更换。

我们采取了一系列措施，包括在厕所里悬挂文明提示语，召开学生大会进行集体教育，举行主题班会讨论。破坏现象消失了一段时间后，还是再次出现。我们于是紧锣密鼓开展调查，最终一无所获。这些搞破坏的同学，永远只是一小部分，而且躲在暗处，随时出击，令我很恼怒，却也束手无策。

幸好政教处在查处一件违纪事件的时候，竟意外查出了一批破坏厕所的同学。经过调查，高二的这四位同学多次故意进厕所踢水管、卸木门，他们觉得很好玩，很刺激。

获知调查结果，我们大喜，决定好好治治这些顽劣可恶的学生。处分是少不了的，不处分无以正校风。

但我觉得，还是应该有点不同。如果我们只是为了出口恶气而惩罚这些孩子，过不了几天，他们又会肆意破坏，而且让你无据可查。

还是要从心底里做工作。

我和政教处商量，决定好好利用这次机会，教育感化他们。我们对这些破坏公物的学生予以处分的同时多了一项内容，就是责令他们担任学校公物保护干部，每天巡查厕所。一旦发现有人破坏，或者有破坏现象，必须及时汇报，并且努力配合学校搞好调查工作。本学期如果没有损坏，就由年级部出面给他们一个奖励，比如保护公物奖；如果第二学期依然保护完好，那么就由政教处出面奖励，发给证书；如果毕业前保护完好，就由校长亲自颁发校级优秀学生干部证书，并且以书面形式全校通报表扬。

想不到，自从处分以来，这几位同学每天巡转校园，此后再也没有发现拆卸厕所木门和破坏水管等行为。当然，期间政教处人也多次找这些同学谈话，肯定他们，鼓励他们坚持下去。已经过去一年多了，目前他们依然保持着每天去巡查厕所的习惯，履行着这份特殊的责任。

我们这样做的好处：首先，避免了为处分而处分，真正将处分建立在以教育为目的的基础上；其次，这种处分体现了针对性，即对症下药，你既然破坏公物，那么，我就让你通过保护公物来弥补过失；最后，它有一定的激励性，让他们巡查厕所既是惩罚，但更可以从中获得奖励，而且是逐步加大奖励力度，这样就减少了处分的负面效果，给了学生许多积极体验。

自古有将功补过之说。如果我们在惩过的同时，能够要求学生建功，并且重视及时奖功，那么，我们的教育惩罚，就成了一项富有意义的工作。惩罚最终也就具备了教育性，真正有利于教育和转化学生。

一个人的不良思想和习惯的改变本来就是渐进式的。这个规律需要我们想更多的办法、做更多的工作。惩罚，是告诉学生什么不该做，告诉他们做了不该做的，就要付出代价，尝到“苦头”。除此之外，我们还该告诉他们该怎么做，做了正确的事，做了好事，就会尝到“甜头”。

小时候，每次在我们喝完极苦的中药汤后，母亲就会把一匙白糖塞进我们嘴里，我们就顿觉甜蜜无比。良药苦口利于病，苦也是一种不可或缺的体验，只是，苦过之后加一勺糖，或许，这个苦味就多了一层意味，一层甜味，而人生也因此多了一层回味。无论是对苦的还是对甜的，记忆都会更加深刻鲜明。

不懂这个道理，学生不良行为屡教不改、屡禁不止的现象，就不会从我们的教育生活中消失。

为了一个也值得

认识学生益晓是在一次学生励志论坛上。虽然是高二的学生，他在讲台上却异常从容，不像在背稿子，而是在自然地“谈话”，并且注意和下面的老师、学生互动。这份大气从容，在学生中不多见。

第二次见面是在校长室。

他在和校长谈论一个话题，就是请人来做励志报告。他向校长推荐一个人——杭州新东方学校的校长。他说新东方的老师都很重视励志教育，而且报告很精彩。这点我有所耳闻。

校长让他以后和我联系，后来，他就经常跑来找我。

我惊讶于他一个高二学生，居然和新东方学校校长比较熟悉，而且居然多次跑到校长室来“推销”自己的想法。这样的学生今后必然是个有行动力的学生；这样的学生也正是学校和社会的希望所在！

我和校长商量了以后，同意给他一次机会。

他和新东方那边积极联系，最后敲定了来我校作报告的时间、内容和方式等细节问题。新东方那边也多次来人看我们的场地，并和我见了面。

最后，新东方教育集团教学总监和杭州新东方学校校长来了，二人先后给同学们作了一个多小时的报告。报告不很精彩，加上是在下午放学前，同学们急着想回家，会场纪律不是很好。益晓有些愧疚地说，学生看来是想要回家了，所以效果不大好。

我宽慰他说，任何一个想要学习的人，从这次报告中多少会获得一些东西。

尽管这次活动的效果不如预期，但在我看来，这件事情对益晓一辈子都会产生积极作用。他一定从中学会了一点，那就是：要敢于想，更要敢于去做，哪怕结果并不一定理想或者完美！而且，一个人只有敢想敢做，才能够获得更多人的支持。这一点应该是确定无疑的。所以，对于我们来说，即使只有他一个人从中得到锻炼，这次活动的安排，也是值得的。

《窗边的小豆豆》写了一件事。小林校长为了高桥君，对每年校运动会的项目都做了精心调整，使得这个身体有缺陷的高桥君，居然每年都能够成为校运动会的明星。可以说，这是为了一个人的运动会，尽管每个人也都从中获得了许多。

我们的文化中，通常只重整体，忽视少数，更无视个体。要说个体，也通常把个体当作“整体”机器中的一个零部件来看待。这就有了重要不重要之分，有了可有可无和缺一不可的区别。重点生，多一个好一个，多考了一个也大肆宣扬；而后进生呢？少一个好一个，甚至流失一大批是最好不过了。至今有不少学校为了提高升学率，在会考之后，就不择手段软硬兼施甚至利诱威逼，让学生知难而退。分母小了，升学率就好看了啊。

任小艾老师曾经说过，学生在我们眼里，很容易成为几百分之一或者几千分之一，因而显得微不足道，但是，对于学生自身或者他的家庭来说，任何一个都是全部。教育是治病救人的事业，是拯救人、成就人的事业，而不是淘汰抉择的职业。任何一个学生都是教育应该关注和辅助的对象。忽视少数人的教育，不是完整的教育；忽视个体的教育，不是负责任的教育。任何时候，我们不能以多数的名义来忽视或扼杀少数人的成长的权益。

美国大片《拯救大兵瑞恩》为何令人震撼？最重要的原因，恐怕就是它体现了对每一个生命的珍重。在学生教育上，如果我们学会了真正从心底里重视每一个人，把每个学生当作一个完整的独立的人来看待，我们的教育就能够有一个健康的起点，有一个健全的人本视野，我们就能够真正让我们的学生更加生动、活泼、完整地发展。

起跑线在哪里?

"起跑线"问题从何而来，自何开始，大约是无从考证了。好像是20世纪90年代那次中日夏令营较量之后，有识之士大声疾呼"不能让我们的孩子输在起跑线上"。本意自然是担忧我国年轻一代柔弱不如人，呼吁重视孩子的教育，不要让我们的民族再次遭受外族的欺凌。

喊着喊着，味道就变了。起跑线问题，成了全民的教育问题了。全国的家长和老师们越来越提心吊胆，唯恐自己的孩子和学生输在了起跑线上。

家长看见自己读小学的孩子学习英语没兴趣，就会说，你看看，人家外语实验小学的孩子，都早在学英语了，你不学，以后还赶得上吗？咱不能输在起跑线上啊！

开学第一天，老师就会告诫家长们：你们的孩子今天才拿到新书，但是，据我所知，一些家长早在暑假里就借来初一的书，给孩子请家教了。大家如果不重视这个问题，我们的孩子就会输在起跑线上，无法和别人竞争了。

在人满为患的国度里，"不要让孩子输在起跑线上"一度成了呼吁重视教育、让自己孩子脱颖而出的口号。

近些年，有人开始醒悟了，大声疾呼"给孩子一个快乐的童年"，并强烈批判起跑线之说，连教育部领导都痛斥，说起跑线问题是个“忽悠”。

并不是所有的人都容易一下子明白这种批判背后的深沉的忧虑和深刻的认识。所以想在此再啰唆几句。

首先，人和人的起点，从出生那天就不一样。有的生在书香门第，有的生在富贾人家，有的生在贫寒家庭，有的生在残弱之家。经济条件、文化环境、父母的性格爱好、自身的身体和心理的先天条件，都大大不同。起跑线本身就在各自的家门口，各自的出生之地，哪来的相同的起跑线呢？本来就不同的起跑线，何须进行输赢比较呢？

其次，起跑线之说，暗藏着一个结论：你起跑线输了，终点就输了。这个结论有一个前提，就是进行短程赛跑，比如100米或者400米；如果是长跑，大概就无法得出这个结论来。看过马拉松的人知道，真正的高手，都不会一开始就抢着跑在前面，而是逐渐和对手拉开距离的。他们会非常注意科学分配各个阶段和路程的体力和速度，绝对不会像短跑那样，一开始就拼劲气力来。人生是一次漫长的赛跑，其间充满了无数种可能，起跑时候快的人，并不意味着今后有着辉煌的人生。爱因斯坦、牛顿、爱迪生、黑柳彻子等等，小时候并不被人看好，也一度遭到老师的歧视和嘲笑。可后来，他们都取得了举世闻名的成就。无数大器晚成的事例，足以证明起跑线之说的荒谬性和欺骗性。

第三，起跑线之说还隐含着一个前提，就是：任何人都在一个封闭的空间里赛跑，距离是一样的，跑道的条件是一样的，路径是一样，终点也是一样的。事实上，每个人的路途是不一样的。你走的是自行车道，我走的是山间小路，她走的是高速公路，他走的是悬崖峭壁，她呢，则可能是坐直升机上去的，当然，还有人是乘牛车去的，也有人是骑着骆驼去的。而每个人的终点也不一样。有人想去杭州，有人想去北京，有人要去巴黎，有人要上太空。既然如此，拿起跑线来说事，岂不贻笑大方？

第四，人和人之间，更多的时候是错位发展，而不是同质竞争。即使在学习上，你可以爱好数学，我可以钟情英语，他可以擅长写作，她可以热爱手工制作。每个人，有自己的追求和强项，今后到了社会，各得其所。社会原本需要各种各样的人才，也正是因为人的丰富多样性而呈现出勃勃生机。人与人之间在某些方面的确存在竞争，但更多的是相互补充、支持和帮助。起跑线之说，无疑让我们的孩子从小就学会相互排斥和贬抑，进行你死我活的恶性竞争。

起跑线之说，听起来是为了激发一种竞争意识，促人积极向上，实质是伪命题。它把教育对象当作一个工业产品、一种原材料来对待。它否认了教育背景和个体的差异性，特别是教育对象的遗传因素、个人兴趣、人格特质、生理特点等的差异性。拿起跑线来教训学生，让他们放弃自己的休闲时间、身心健康或者个性特长，进行各种各样的“赛跑”，的确是忽悠，大忽悠！忽悠的目的自然是为了教育者的荣耀，让自己的学生分数好看一点，考核结果优秀一点，奖金可以多一点。对于家长呢？则是大大满足了自己的虚荣心。除此之外有何价值，就不得而知了。浙大最牛的教授郑强说得没错，中国孩子不是输在起跑线上，而是被搞死在起跑线上。真是一针见血。

人是地球上最具多样性的生命。人和人之间的差异，特别是思想、情感、精神、文化等层面的差异，是最大的差异。每个人的生命价值，很大程度上正在于这种种“差异”。教育为了什么？为了让孩子成为他自己，成为最好的自己。教育能够为个体的差异化发展服务到何种程度，决定了教育本身的高度。

还是庄严一点好

还是庄严一点好

元旦来临，我让学生在黑板上写一些新年目标和打算，用以激励自己。

绝大多数同学都认真地写上了自己的打算，还有对自己的期待和要求。

但也有五六位同学，用玩笑的方式写。比如，“信春哥，期末考高分”“努力就好啦，神马都是浮云”……

自己的姓名呢？也变成了一个个网名：奥特曼大战、永远不说再见、小猫咪等等。

几个月前，他们刚走进校园参加军训的时候，我让他们在教室后墙上写一句给自己或者班级的格言警语。他们一个个神情肃穆地走上去，一笔一画工工整整地写下自己发自内心的一行行文字：“向日葵之所以美丽，是因为它坚持向阳而开”“我们可以不是最棒的，但我们必须是最努力的”“苔花也学牡丹开，虽很卑微，一样有志气”“我们的未来不是梦”“奋斗的泪培育出成功的花”……

后来，当我在主题班会上展出这些他们自己进校第一天写的文字的时候，他们的脸上都涌动着一种感动和激情。

半年之后，面对新年目标，他们开始带些玩世不恭了。

我于是选择一个早读，让同学们回转头去，看看教室后墙的黑板。我说，你们记得自己最初写下的格言吗？当初，我们来这里的时候，谁都不认识谁，我们是多么渴望自己给别人留下一个美好的印象啊，所以，我们每一个字都努力写得漂亮，我们每一句话都努力说得优雅，每一件事都努力做得完美。我们是怀着一种真诚的态度，来对待我们的开始的。所以，我们的每一句话都写得那么庄严美好。可后来呢？我们渐渐熟悉了，我们的这种庄重和认真的态度逐渐少了，变得随便和随意，开始放松甚至放任自己，开始以玩世不恭的戏谑来对待本该认真的事情。这样，我们就对许多东西少了认真两个字，我们开始无所谓地把自己的弱点一点点释放、放大、泛滥……

同学们一开始回过头，看到一些搞笑的文字感到好笑，听了我的话之后，不笑了，一些人马上起身上去修改。

这个事情就这么平静地过去了，但类似的现象却并未从我们生活的世界消失。

开学初，学校要求每个学生制定自己的学期目标，一个班级的学生公然在墙上写着自己的目标是“某男，未婚，欲觅奥巴马式的男士为友”。还有的一个班级，签名中居然有“陈冠希”“昏骚”等。令我不解的是，粗心的班主任还一直都没有发现这个问题，或者说可能发现了但并没有以之为问题。

在学校的升旗仪式上，一些教师非但站得歪歪斜斜，还在升国旗奏国歌的时候，兴奋地聊着昨天晚上喝了多少酒、电视连续剧看到哪一集了，或者刚穿在身上的衣服的款式和价格。而有的班主任呢？三三两两站在学生队伍后面，同样在轻声聊天。反倒是那些学生显得庄重些，因为他们大都还记得自己是学生，现在是升旗的时刻，不敢轻易造次。每每看到此种现象，就如同苍蝇在喉，说不出的难受。这样的升国旗仪式，学生是断不会有什么庄严的感觉的。部分教师的这种行为，很难让人相信他们能够承担起传道、授业、解惑的重任。

时下，什么都流行戏谑化。历代帝王将相能够插科打诨说不少21世纪才流行的黄段子，文人骚客可以腾云驾雾飞檐走壁以一当十，抗日战争的革命英雄也能够在弹雨纷飞时刻像如今的大学生那样忙里偷闲演绎无数浪漫爱情故事。他们不懂得敬重成功的优秀的人，只要能够博得一点浅薄的笑声和可怜的自得感，他们愿意把任何神圣美好的东西都打碎。对于那些名人、伟人，他们更喜欢谈论他们的“八卦秘闻”。他们喜欢把一切都丑化、浅化、娱乐化。这种种怪现状之背后，是人们对真善美的轻视、精神追求的缺失和内心世界的虚空。有人骂孔子是丧家犬，有人骂李清照是酒鬼赌徒，其他人指责他们不该如此浅薄，他们反而言之凿凿，会举出一大堆理由来为自己辩护，然后指责别人浅薄不懂历史。鲁迅说，一部《红楼梦》，经学家看见《易》，道学家看见淫，才子看见缠绵，革命家看见排满，流言家看见宫闱秘事。一个人喜欢什么，就一定会去追求什么。果真如此。

我们不需要盲目崇拜什么，更不需要伪造出一个神圣的雕塑来供人顶礼膜拜。盲目迷信或者个人崇拜的悲剧和闹剧，我们记忆犹新。但我们依然需要相信一些神圣的东西，敬重一些崇高的东西，追求一些美好的东西。这或许就是信仰。一个民族没有了信仰，就会失去脊梁；一个人没有了信仰，就会为所欲为。

不重形式才是形式主义

毕业典礼，顾名思义，应当充满了“毕业味”，充满了学业成功的喜悦，充满了与母校和老师告别的离愁别绪。但是，在高等教育逐渐大众化、高中教育普及化的今天，领取高中毕业证书，对于学生而言，已无多少喜悦而言。学生常常会因为平时学校管理严格、老师教育严厉、学习任务沉重，而对学校对老师心怀不满。他们中有不少人把毕业视为最艰苦的高中阶段的结束，当作“刑满释放”，因而，毕业典礼也就成了“胜利大逃亡”。加上学校工作者缺乏创新意识，毕业典礼面孔呆板，形式陈旧，常常是校长在上面激情澎湃地讲，毕业班教师在上面悲悲戚戚地道别，学生却在下面推推搡搡说说笑笑。毕业典礼变成了一场学校和教师一厢情愿甚至自作多情，学生却无动于衷的“闹剧”。

从事学校德育工作十多年，深感毕业典礼形式的陈旧呆板和效果的不尽如人意，我决心和同事们做一些探索和尝试。我们选择在每年的6月20日，在学生经历过高考，但是还不知道高考分数的时候举办毕业典礼，精心设计各个环节，收到了意想不到的效果。从此以后，每一届毕业典礼，都获得了成功。毕业典礼，已经成为我校学校常规教育中的一项特色鲜明、令人印象深刻的经典教育活动。

我们的主要做法是这样的：

校园音乐营造氛围。在大礼堂里，在毕业典礼正式开始前的半个小时里，《同桌的你》《睡在我上铺的兄弟》等校园音乐缓缓响起，回荡在礼堂的角角落落。经历过高考、互赠过毕业留言的同学们，一走进礼堂，听到音乐，触景生情，很快就进入了一种毕业的情绪和情境之中，连平时一向顽皮的同学，脸上的表情都显得依依惜别了。

校长寄语语短心长。许多学校的校长讲话成了毕业典礼的大戏，滔滔不绝，令人生厌。我们的校长寄语，不足一千字，不超过五分钟，不自夸，不唱高调，说真诚话、真心话。校长讲话像师长、像朋友，更像父母对远行孩子的吩咐和关切。学生听了之后，无不动容。

师生诗歌深情回眸。一边是屏幕上播放同学们入学以来的一段段视频、一张张照片。从新生军训、开学典礼、运动会、社会实践、日常课堂和教育活动，到大礼堂前的师生毕业合影；从学校大门到图书馆到各班级的教室、寝室……一边是两位老师和两位学生（毕业班的男女老师和男女毕业生各一位）用自己创作的诗歌，深情回眸三年的点点滴滴。这时候，台上的几位主持人和台下的同学们通常一个个都泪眼婆娑，无数美好的情感被唤醒、升华。

赠书献花饮水思源。让毕业生把自己喜欢的一本好书送给母校，写上一段励志格言，存放在学校图书馆里，激励学弟学妹们发奋学习。背景音乐《爱的奉献》悠悠响起，毕业生代表向高一、高二的学生代表赠送图书，意味着勤奋好学的学校精神代代相传。然后《感恩的心》响起来，在主持人诗意的抒情中，毕业班班长手捧一束鲜花，向他们的班主任鞠躬献花。此刻，师生之间情不自禁地拥抱而泣。

恩师嘱托深情款款。毕业班班主任代表全体毕业班教师，对学生说一句话。千言万语，浓缩成一句，无数真诚，无限别意，通常说者动情，闻者动心，师生无不潸然泪下。

祝福母校离愁难尽。学校做一条巨大的鲜红的横幅，上面印着“感念恩师，祝福母校”，让每个学生在上面写一句简洁的话。《明天会更好》适时地响起来。同学们蘸一腔真情写下了自己对母校的深深祝福：“母校，你是最棒的！”“母校的老师们一生平安！”“三年时光不忘怀！”……

聆听最后的告别铃声。学生最后一次听听校园铃声，最后一次向老师鞠个躬，最后一次向母校老师道别。这个环节，总是让学生感到无限惆怅和伤感。

自从2007年毕业典礼采用这种形式后，毕业典礼上再也没有窃窃私语，再也没有嬉笑打闹，师生们热泪相看，深情相拥。毕业典礼，成了师生们一次真诚的回眸、一场温情的道别。许多学校都来学习，2010年，当余姚某中学来我校学习后，当年就用我校的模式举行毕业典礼取得了成功。分管德育的副校长告诉我们说，他们学校办学二十多年来，从来没有一届学生在毕业典礼上像这次那么动情，同学们纷纷哭了。他还补充说，你们的这个毕业典礼设计得真好。尽管哭并不意味着成功，但是，哭，至少说明毕业典礼真正触动了学生的心灵，唤醒了他们美好的情感，这样的毕业典礼必将成为他们人生中一个温暖难忘的片段。

至今，毕业典礼已经成为我校德育工作的一大亮点，每年都会引得一些兄弟学校前来观摩，并被《人民教育》报道。

在我们进行毕业典礼的改革之初，有老师不理解，也有老师反对，他们觉得这是折腾、花哨，是形式主义。在他们看来，毕业典礼就是校长说几句话，然后给学生发个毕业证书，大家欢欢喜喜回家去就好了。换言之，只是一种形式而已，别无深意。殊不知，这种不重教育形式的作风才是真正的形式主义。

教育是一门科学，必须要遵循一定的规律和程序；教育又是一门艺术，讲究一定的形式和手段。如果我们自己对教育漫不经心，对教育的程序和形式等都无所用心，我们的教育如何能够真正打动学生？

给善一个继续存在的理由

有段时间，看到许多对陈光标的指责和攻击，或骂他出风头，或骂他伤害了那些受资助的弱势群体，或骂他虚伪，或骂他是为了招揽生意。看后，我想哭，想笑，更想对这些流言进行一番痛斥；待到看了罗军发表在红网上的《毁一个人很容易，出一个陈光标则很难》，才知道，还是有人怀着类似的悲愤的。

我还是忍不住，想再为陈光标说几句。

陈光标高调行善，被人称为“暴力行善”。在中国，“大热必死”是一个“规律”。陈光标注定要招致今天的困境。

有许多人攻击陈光标，因为他们看不惯这种高调的方式。他们觉得，善，就是要低调，就是不求回报，就是“做好事不留名”，就是“专门利人，毫不利己”。也有许多人替陈光标鸣不平，可是，这种声音常常被前者淹没。我们的媒体、舆论喜欢树立标杆，最后又将之毁灭。在一树立和一毁灭之间，轰动效应就出来了，“树立”暂时成就了一部分人，而“毁灭”则满足了更多人的阴暗心态。

我们爱讲道德，可我们的道德评判常常无视道德。

过去“怀疑一切、打倒一切”的斗争思维，一直蛰伏在某个角落，蜷缩于某些人的头脑深处。一旦有风吹草动，它们就会沉渣浮起。我们的身边，有太多的人容不得他人成功，有太多的人容不得他人成长。“枪打出头鸟”，“不敢为天下先”，究竟是我们的文化铸就了我们的这种猥琐的民族心理，还是我们的民族心理成就了这种猥琐的文化?

我们总在呼喊民族的创造力，因为我们的民族不敢创造；我们总是在呼吁改革，因为我们的心底里太害怕和拒绝改革。所以，总有那么些人，喜好蔑视神圣，戏弄崇高，毁灭他们所厌见、所不及的一切。他们貌似稳重、低调、务实，其实他们更加胆怯、阴暗、丑陋。他们宁可自己更虚伪，或者背地里胡作非为、大肆作恶，也不愿意看到别人有一点过失和虚荣。他们躲在暗处，伺机而动，攻击和摧毁每一个在他们看来“不够低调”“不守规矩”的人们。现在，他们竟然容不得行善的人有半点闪失，更容不得行善的人有半点回报。这种病态的社会舆论、畸形的道德标杆、扭曲的嫉妒心理，极容易导致社会道德理性的集体丧失。

不管陈光标今后被证实是一个怎样的陈光标，冲着他十亿元人民币的慈善行为（其实即使只有一亿元也行），他就足以值得我们心怀感激和钦佩。我们没有理由对他指手画脚评头品足。

一万个批评和指责，不如一个实际的善举。我们需要更多的陈光标，而不是更多的看客和无聊的批评家，更不需要丑陋和无耻……哪怕你的丑陋是如何的真实和坦率。

我真诚地恳求我们的舆论，能够给善良一个角落，让善良平安生长；更给善举一个善报，让行善者有继续行善的理由。

不要讳谈“善报”。孔子的学生子路，救了一个落水者，落水者送了一头牛给子路作为报答，子路接受了。孔子称赞说：“从此以后，鲁国人必定会去救落水者。”我们的圣人，也从来没有提倡过行善不求回报。要让“善”蔚然成风，我们就要遵守那个自古有之的“明”规则：善有善报。

如果陈光标真的从行善中获得了好处，这不足为奇，更不值得非议和指责。这恰好证明了，我们的社会是一个健全的社会。如果陈光标倒下了，这才是我们社会的悲哀，是我们这一代人的悲哀。或许，正因为“善”的力量实在太弱小，广东的小悦悦才会不幸惨死，那些默然走过的人，担心什么呢？他们担心的还不是善没有善报吗？

赫尔巴特说：“道德普遍地被认为是人类的最高目的，因此也是教育的最高目的。”善，是道德之魂，也是教育之魂。我之所以大声呼吁不要把陈光标毁灭，就是因为，我不知道当善良不再有存在的价值和意义时，我们的校园、我们的教育、我们这些教师，究竟还能够站在什么样的土地上，还能够指引学生走向什么样的前方。

成长是一种疼痛

教室外有一排树，每到深秋初冬，园林工人就会砍掉它们高高的枝丫，只剩下一截矮矮的树干。

那天正好我上语文课，我让学生停下来看窗外，工人们正在砍树枝。

我问同学们，工人为什么要砍掉这么好看的树枝？你们从中感悟到了什么？

有的说，因为树枝太多，影响教室采光；有的说，是树枝太密，担心长不大；也有的说，要学会简单地生活，不能太繁杂；更有的说，贪多必失，要学会抵制诱惑。我告诉他们一句话，他们拍手叫好。

我说：成长是一种疼痛。这些树，长得太快，每年都可以长高许多，枝丫交错，营养太分散；枝丫纤细修长，树干反而长不大了，而且，如果到了冬天，很容易会被雪压断。所以，必须砍去一些东西，让自己可以长得更加粗壮。一个人要成长，必须懂得舍弃，尽管这种舍弃是痛苦的。正如雄鹰，要有强健的体魄和出色的飞翔能力，就必须忍受被折断翅膀的伤痛；就如螃蟹和蛇，要成长，必须忍受蜕壳和蜕皮的剧痛。这个过程的确是痛苦的。可是，不痛苦就无法长大，无法强大。

那一节课，学生的眼神告诉我，他们从中明白了许多以前不明白的道理。

作为学校德育工作的负责人，我每年都要召开一次全校学生处理大会，也算是学风校风整肃大会，处理一批破坏公物、打架斗殴或者半夜从寝室逃出去上网吧的学生。我们的目的是进一步严肃校纪校规。

不管有的人用如何先进的理念来反驳，我还是觉得，有些东西是不能迁就的，哪怕是以宽容或者尊重的名义。如果学生中的确有一些普遍性的违纪问题，而且有的学生犯了一些严重的错误，处理大会还是有必要开的。我们可以通过处分一些同学来警示多数同学，正如我们的社会通过网络或者别的方式公开处理一些贪官污吏和刑事犯罪等案件一样。事实上，这些年来的经验证明，这种校风整肃大会，的确有效果，不可或缺。许多学生经过处分之后，改正了不计后果冲动行事的习惯，更多的同学明白了什么是真善美，什么是假恶丑。

看到一则报道，说某学校老师批作业不再打叉，有的学校则不用红色笔打叉，理由很简单，用红色笔打叉，太刺眼，太伤人，对学生的健康成长不利。看后不禁哑然。

教育从来不该是扁平的，而应当是立体的，教育方法也从来不能是单一的，也不必是单一的，它可以是，而且必须是多角度、多方位的。世界如果只剩下温柔的说教，或者只剩下正面的教育，那么，教育也很难担当促使学生茁壮成长的重任。教育理应让学生懂得“疼痛”，疼痛之后才会有所敬畏，敬畏他人和集体的权益，敬畏伦理道德，敬畏合理的社会秩序和法律制度。所以，惩戒教育也是不可缺失的一种“痛”觉。

每个人都会有疼痛的时候。科学证明，疼痛是人体的一种应激反应，是人体的自我警报。当你的胃有病了，你会感到疼痛；

你的眼睛里有了异物，你会疼痛；你的脚底有了沙子，你会疼痛。如果没有疼痛，我们即使患了严重的疾病，也麻木不知，那将多么可怕。疼痛之于身体和生理是必需的。

疼痛之于学习也是必需的。驾驶车辆的新手，在第一年总是要违反一些交通法规，比如擅自变更车道、闯红灯、逆向行驶、超速等。很多时候我们浑然不觉，直到接到交通违法通知单，让你去交罚款。这时候，你怎么恼火也无可奈何，因为这是你的错，也是你驾驶技术走向成熟必须经历的一个阶段，也是成长之痛。

更重要的疼痛，就是我们的心灵和精神上的疼痛，即上述我们由于性格、品性、习惯等造成的过错而带来的疼痛。这种疼痛，是我们的学生适应社会、适应生活必须忍受的，更是伴随一生的成长之痛。

如果犯了错误可以毫无惩罚，这样的社会不可想象。而这样的成长，也将是令人担忧的。孩子们将会像那些毫无节制地疯长的树一样，最终要么自己把自己压垮了，要么就是经受不住雨雪风霜的吹打而夭折。这种代价才是最不该出现的代价。

教育该告诉学生，成长是一种疼痛。这种痛，可能是自己的，也可能是别人的。别人的痛，可以引以为戒，促进我们成长；自己的痛，更要吸取教训，让自己更好成长。

不要讳提惩罚，不要以什么空洞的名义来否定惩罚。疼痛，也是一种教育。

不必回避怀疑

批改学生的测试卷，发现一位同学12个选择题全部做对。就是平时学习最棒的同学，也错了4个，扣了12分。但是，奇怪的是，这位同学的总分并不高，远低于最高分的同学，而且他的课文背诵部分填空“全军覆没”。

这个现象令人生疑。

这份试卷我班是周六下午考的，而其他班级都是在上午第一、二节考的。

我一直担心我的学生会去其他班级拿试卷，然后抄答案。从这位同学的反常表现看，他极有可能是事先从其他同学那里获得了试卷和答案。

我思考该不该找这位同学来谈谈。如果我表露出了怀疑，是不是对他的一种伤害？如果真的是他自己做的，我怀疑他，会不会引起他的反感？如果我不找他，又该如何处理？

我还是决定找他谈谈。我说：“老师找你来，是觉得你这次考试选择题做得特别出色，全班没有一个人全部答对，平时成绩最好的同学也有四个错，你太厉害了，老师为你高兴。但老师也感到疑惑，你其他题目做得并不好。许多简单的题目你却做错了，很可惜。老师担心你学得不扎实，所以请你把选择题再做一遍。”

他瞬间就明白了我的意思，干脆地说，好的。他坐下来，很快做好了。

我一看，除了一个错误，其他都对。我又抽问了几个题目，请他说说理由，也基本正确。对他而言，能够掌握到这个程度，已经很不错了。

我趁机对他说：“你的选择题掌握得很好，老师可以放心了。但为什么其他容易的题目你反而错了这么多呢？你的学习可以更加扎实。如果你再努力一点，学得仔细一点，你的语文会更加出色，而且会真正成为你的强项。知道吗？”

他自信地点点头，走了。

以他的敏感，一定知道我对他的怀疑。教育理论一再强调要信任学生，但怀疑学生也是一种教育，而且，也是不可少的教育。

怀疑是一个人的生活中无法避免的遭遇。学习、应聘、婚恋、友情等，无一不经过一道道怀疑关。尤其是一个人要走向成功，他必须要有勇气经受别人的怀疑。除了极少数天才，一般人的成长过程，都是一个用行动和实绩证明自己，消除别人怀疑的过程。邓小平等一大批老一辈革命家，在“文化大革命”中受过沉重的源自怀疑的打击和迫害，他们不是以坚忍不拔的意志证明了自己对祖国对党对人民的耿耿忠心吗？瓦特的蒸汽机、布鲁诺的日心说，经历过无数人的嘲笑和辱骂，布鲁诺甚至最后被烧死在柱子上，但科学最后不是证明了他们的正确吗？历史上的每一项富有开创性的改革和探索，无一不是遭遇过许许多多人的公开的或者是私下的怀疑甚至是反对。是真金子，就不该害怕被火炼。

怀疑，从某种角度讲，就是一种检验或者考验。学生偶尔被怀疑，他会明白，老师是多么看重诚信，他会引以为戒，远离欺骗和欺诈。他也会明白，一个人的品质和实力，只有被不断证明，才会令人信服。

我当然不赞成动辄怀疑学生。教师理当信任学生，尤其是要信任他们的向上向善之心，而且，在盗窃等一些敏感问题上，绝不能轻易怀疑学生，否则，会给他们带来深深的伤害。我更不赞成教师无条件地信任学生，尤其是在一些应该怀疑的时候。盲目地信任学生，要么说明教师的幼稚单纯，要么就是教师的糊涂、偷懒或者在教育上的无知和无能。

一位年轻班主任由于经验不足，管理学生时经常会被学生的借口所迷惑。比如，上学迟到了，学生会说自行车车胎破了；自修课班级纪律不好，学生会说在讨论问题，她一一深信不疑。在学生面前，她像个幼稚单纯的妹妹，轻易就被骗倒或难倒，她的班级状况因此并不好。她对此束手无策，或者说根本没有意识到问题所在。有一次，她的一位学生破坏了学校公物，我们让她查，她问了学生之后，学生矢口否认。她对我们说，她的学生没有破坏公物，而且她说这位学生不可能说谎。我提醒她学会好好分析学生心理，细致地做些调查工作，而不仅仅是相信学生。她坦率地回应："你们搞政教处工作的就是喜欢怀疑学生。学生并不像你们想象的那么复杂。我是相信我的学生的。"

她的话让我一时无语。不是我无法反驳，而是我感到在她对教育有足够的体验和认识之前，特别是对教育的艰难和复杂有足够的体会之前，我很难用过来人的经验去说服她。毕竟她是一个担任班主任不久的年轻老师。在她的意识里面，她所能坚信的也只能是书本上的那些看起来很动听也很动人的美好理论。她的学生后来还是承认了破坏公物的行为，尽管他不是有意的，他不敢承认是因为害怕处分。我相信，那位年轻教师一定从中意识到了什么。成长是无法单靠说教实现的，更多的是依靠经历和自觉的反思。

教育要为学生当下和未来的生活做准备，首先要忠实于生活本身。我们不能假借教育的名义，或者凭着单纯的美好的愿望，把生活中无法回避的内容人为地去除掉，从而造成另一种教育的残缺。教育的残缺并不鲜见：强调表扬，就忌讳批评；重视奖励，就不敢惩罚；宣扬师生平等，就不敢张扬师道尊严；教学生真善美，就不敢正视现实的假恶丑……

学生并不是一张毫无痕迹的白纸，尤其是高中生，面对他们，没有一点智慧，没有一点“怀疑”的意识和能力，教师就只能做一个“人妖不分”的唐僧，空有一腔善心，而实无辨别真假美丑的法眼，因而也就丧失了扬善救恶的真正能力。

我不支持任何简单粗暴、忽视个人尊严的怀疑方式，但还是觉得，既然世界无法消灭怀疑，人类无法远离怀疑、生活无法避免怀疑，那么我们就有义务及早教会学生如何面对怀疑，经受怀疑、证明自己。

拒绝学生找借口

那次期末，我任教的班级语文成绩不很理想。虽然自我中途接手这两个班级后，学生的语文成绩总体上较过去有了些进步，但有部分同学的学习态度和习惯很不好，上课不专心、作业拖拖拉拉交不上来。如果你催急了，他们会马上从别人那里拿一本作业本迅速抄好，交给你。

我刚接班的时候，对他们总是很宽容。遇到班级平均分不理想，我常自我批评，鲜去批评他们；对那些成绩落后的同学也以安慰和鼓励为多。我以为这样能够打动他们，让他们学会自我反省。半个多学期下来，效果并不明显。这些同学依然故我，考不好就找各种理由来搪塞，甚至责怪老师考试前没给他们复习到。

这种状况再也不能持续下去了。我决定要改变以往的做法，让他们找出自己的原因，学会承担责任。

我找到本次语文成绩年级最后的小张，他满不在乎地走进我的办公室，我问他："你为什么成绩这么不理想呢？"

他说："我没有发挥好，运气不好。"

我马上制止，严肃地对他说："不要找任何借口！不要归之于任何除了自己以外的人和事，也不要归之于运气。就找你自己的原因！"

他一愣，没想到我如此严肃，就说："我选择题总是失分比较多，基础不好。作文也发挥不好，分数很低……”

我问他：“选择题为什么总是得分少？作文为什么不能得到较高的分数？我可以肯定地说，咱班一些同学，运气再不好，也不会考这么低的分数，你说是不是？”

我的语气有些咄咄逼人。我需要让他感受到，失败带来的不会常常是安慰。“我告诉你，生活中没有多少人在乎你失败的感觉，他们只会裁判你的失败。你失败了，就要承认，就要面对失败带来的冷漠甚至嘲笑和指责。”我对他说。

他低下头，说真的不知道自己为何失败。

我让他回教室找来课本和作业本，和其他同学的课本以及我的课本进行比较，从中找原因。他发觉自己的课本记录的内容很少，用了一年的课本几乎一片空白，他还发现他人的作业本远比自己的认真、细致且清楚。

我说，发现问题了吗？想想看，你为什么会有这样的情况呢？

“我心里面对语文不感兴趣，有点厌倦，觉得学习没有劲头。我对语文重视也不够，很少花时间去学习……”

原因终于找出来了：不重视，凭兴趣学习，不做笔记，作业应付，学习被动。以这样的状态学习，任何一门课都无法学好。

找到了真实的原因，办法就有了。

接下来，就是让他制订好计划，并且坚定不移地执行下去。

他回去了。

后来，陆陆续续来了几位学生，我大都如此处理。

想不到，下一次考试，这些同学都取得了明显的进步。他们此后走进我的办公室，也不再习惯于推卸责任，不再忙着为自己找借口。

后来，有打架的学生，有进入网吧的学生，有上课使用手机的学生，有迟到的学生，当我找他们谈话的时候，他们一律是准备好了美丽的借口到我的办公室里来的。但他们没有想到，我通常会丢给他们一句话："不要找任何借口！我对任何借口不感兴趣！先说说自己的原因，说说通过努力，是不是存在可以改变这种结果的方式和可能性。我要等到你充分地找到了自己的原因之后，再听听你别的理由。在此之前，我不会听你任何一句解释！"

我常常拒绝那些失败的或者犯错的学生寻找任何借口。

我发现，这样做的好处是，绝大多数学生听了我的话之后，先是惊讶，再是沉默，继而是沉思，最后是多多少少找出了一些自己的缺点和不足，不再像过去那样一个劲儿为自己寻找托词和借口了。

这个做法在许多教育家和心理学家看来或许会觉得不可思议，会觉得有些违背教育规律。我这样处理，看起来好像不近人情，我却以为至少很近世情，很近生活。生活中，有多少人在你失败的时候，会听你为自己辩护，会让你为自己寻找借口？在单位里，你有一个借口，他人就有千万个借口。在许多著名跨国公司，你迟到了，就得面临处罚，不管你有多少理由和借口。数千人的公司，如果听任借口和理由盛行，那么，管理人员将把主要精力放在听取和鉴别借口上，而不是公司的发展上，管理效益从何谈起，从何而来！

我们现在的孩子，太擅长于寻找借口了。家长和教师也太习惯于给他们寻找借口了。迟到了，就说是肚子疼，你打电话给家长，家长跟着撒谎；上课没有带课本，会说是妈妈昨天忘了给他放在书包里了；你让学生转交的家长书，他没有交给家长，第二天，家长会来学校替孩子找借口说，孩子已经给他了，是家长自己忘了放在哪里了；他踩了人家的脚，会反问说，谁叫你没有看见我走过来！一点小事情就冲同学挥拳头，被老师找去批评的时候，他会借口说这几天考试不理想所以心情不好。现在的孩子们，从小到大习惯了由家长和别人来承担他的过失责任，长大后，自然就觉得无论做错什么，自己都无须承担责任。所以，面对失败和错误，他们最擅长的就是寻找借口，为自己开脱责任。

我在学校政教处工作十多年，每次发生学生纠纷，找到犯了错误的学生来办公室，很少有人会主动找自己的原因，坦率地说“老师，我错了”，他们几乎一律是先找理由、找借口，尽量把自己的责任推卸得一干二净。

我们的孩子们真的很可怜，他们居然很少有可以正确认识自己、正确面对失败和错误的机会！我们的教育有意无意地培养了一批批善于寻找借口、怯于面对过错、耻于承担责任的柔弱的一代！

比尔·盖茨给青年人的11条忠告中，有两条值得我们思考。其中一条是这样的：“如果你认为你的老师严厉，等你有了老板再这样想。老板可是没有任期限制的。”这是告诉青年学生，教师永远算是仁慈的。未来生活中老板远比你的老师来得严厉和无情，不要抱怨教师和学校的严厉。还有一条是这样的：“你的学校也许已经不再分优等生和劣等生，但生活却仍在作出类似区分。在某些学校已经废除不及格分；只要你想找到正确答案，学校就会给你无数的机会。这和现实生活中的任何事情没有一点相似之处。”这又告诉学生，生活是残酷的，生活中不会永远允许你一次次犯错误，不会给你一次次借口、一次次机会。你如果希望今后的生活少一些磨难、多一些光亮，就应当从现在开始学会面对挫折和失败，学会自我批判，勇于承担责任，不要动辄以各种理由和借口逃避惩罚和指责。

美国西点军校200年来奉行的最著名的一句话就是“拒绝借口”。拒绝借口，就是要让每一位学员学会尽一切努力完成任何一项任务，学会对自己的每一次过错和失败负责，它体现的是对完美的执行能力、服从诚实的态度、敬业负责的精神的追求，这也是任何一个在团队中生活的人必须学会的准则。

我们的教育需要拒绝学生的借口，这是对学生责任意识和反省意识的回归的强烈呼唤，也是对教师育人权利和责任的一份有力捍卫。

当你的学生犯了错误或者遭遇失败的时候，你不妨勇敢地对他们说：“不要找借口！找找自己的原因！”

让春游成为学生的权利

最近几年，每逢三四月，学校都会组织学生春游。

春游对学生是好事儿，可是好在哪儿，对学校和老师有何意义，少有人思考过。尽管自己学生时代参加过春游，当了老师后也参加过几次春游，但我总觉得春游无非是让学生放松放松，或者写一篇游记而已，至于别的意义，很少虑及。直到近些年，才对此有了稍为深刻的认识，觉得春游对于学生而言，实在不是一件可有可无的事，而对于教育者来说，也不是一件可为可不为的事。

单以2011年这次春游我个人的所见、所历、所感为例，谈谈对春游的意义的认识。

这次我们组织学生春游的目的地是著名的文化旅游区绍兴柯桥和鲁镇景区。

上车以后，同学们兴奋得像一群快乐的小鸟，叽叽喳喳叫个不停。许多班级组织学生表演节目，或是唱歌，或是说幽默故事，或是表演小品，或是背顺口溜，或是即兴演讲，或是写诗。同学们自娱自乐之余，会把“矛头”对准老师，高嚷着：“王老师，来一个！周老师，来一个！”“一二三四五六七，我们等得好着急！”这时候，老师们不再像课堂上那样正儿八经，而是都穿着休闲服装，更是带着休闲的心态，放下老师的架子，与生同乐。于是，就有了师生们一路的歌声和笑声。

到了景区，老师们按照事先分工，交代了上车时间和地点，说了几点注意事项之后，就让同学们各自分组行动。老师呢？如果自己愿意，就找个地方坐下来喝茶，或者一个人随便地逛逛，不需步步跟着学生，偶尔只需和小组长保持适当联系，以了解相关情况即可。没有老师一起，学生可以玩得更自由、更开心。给学生一个自由空间，也是一种必不可少的教育方式，这个自由空间，会让学生学会如何安排自己的行动，如何管理自己的行为，这或许是最好的自我教育方式之一吧。学习绝不应仅仅是听老师讲，而教育也绝不应仅仅是在校园里的。

学生走进景区后，就开始拍照，拍满是爬山虎的老房子，拍石壁上的青苔，拍地上的一只小蚂蚁，拍水里的游鱼，拍竹林中的小笋，拍一丛丛鲜绿的树叶上的晶莹的露珠，凡是有生命力的美好的东西，他们都拍。在他们驻足凝视、按下快门的那一个个瞬间，一定有一种东西撞击了他们，这种东西一定是关于生命的美好和美丽的。我毫不怀疑他们一定会由此更加热爱春天，热爱大自然，进而热爱生活和生命。

他们走近鲁迅雕塑，在“俯首甘为孺子牛”的石刻前留影；他们走近竺可桢头像，靠着头像说，我要带点科学家的灵气回家；他们站在抗日英烈碑前，在那里默念一行行英烈的名字；他们在大禹雕像前阔谈华夏历史；他们拥着“祥林嫂”交流阿毛的故事；他们围着“阿Q”开心地笑。许许多多的历史文化知识，就这么细雨润物一般，悄无声息地进入了他们的心田，以他们自己都未曾觉察的令人愉悦的方式。我深信，他们的精神一定会因此更加丰厚。

他们围着公园里供游人骑着拍照的白马和棕马，兴奋地聊起了徐悲鸿的奔马图；他们在纪念品商店里，面对琳琅满目的商品，选择自己喜好的物品，比如一条小蛇、一个小风车、一把木头剑、一把弹弓，这时候，童年又回到了手中，回到了身边；他们议论着选购给母亲的甜饼、发糕，给父亲的花雕酒，懂得回家和父母分享自己的快乐，孝心化成了一种实实在在的朴素的行动；他们发现自己急急忙忙购买的商品价格昂贵，被骗了，懊恼之余，又学会了体察社会，学会了给自己的心灵疗伤；他们在一排排诱人的食品前，估算着自己所带的零花钱，和老板娘讨价还价，并抵制着自己过分强烈的购物欲，初步体会了该如何精打细算地生活；他们围住一个民间艺人，看他如何用那几根棕榈条子编扎出一个个栩栩如生的蚱蜢、蝎子、山羊、老鼠、螃蟹，他们学小说《品质》中主人公哥斯拉兄弟的话感叹说“这是一门手艺”，他们理解了劳动原来可以如此精致，艺术原来就在生活的方方面面，而且可以如此平淡而神奇。

他们看到老师也爱拍照，老师也会边走路边哼歌，老师也爱购买臭豆腐之类的小吃，也爱在玩具边驻足赏玩。他们在游玩途中见到老师，即便是不认识的，也会向老师问好，招呼老师“笑一个”，然后用相机记录下老师在绿树红花间的笑脸，或者就是把手中的小吃分一份给老师。他们中有特别胆大的学生，也敢去“敲诈”老师甚至政教主任和学校领导，让他们请同学们吃饭或者坐海盗船（我就既被学生敲了饭，又被敲了钱请客坐海盗船）。离开了校园，他们愈发感受到：老师和他们一样，本质上是大自然的孩子，而不是教师。春游缩短了教师和学生的空间距离，稀释了师生间的情感隔阂，弱化了师生间的角色差异，拉近了师生间的情感距离，增进了心与心的交流。

看见一个小女孩在吹肥皂泡，七彩的肥皂泡，在阳光下一串一串，轻盈地飞舞着，他们会走过去，和小女孩说话，称赞她："小妹妹，多么可爱啊，吹的肥皂泡多漂亮，再给我们吹一些好不好？"那个小女孩让他们看见了自己的童年，也让他们意识到了自己的成长，在淡淡的惆怅中，更增添了一份长大后的责任。他们会在养着金鱼的池子边停下脚步，看着一群彩色的金鱼飞快聚拢过来，然后取出面包屑和饼干渣投入池中，任金鱼们你拥我挤，争抢食物，摆动尾巴声、飞跃出水面的声音，啧啧啧地响个不停。怜爱之心油然而生。

他们也会在树林中找到一块空地，铺上几张报纸，围成一圈开始游戏，或者彼此分享食品，从中学会了如何享受休闲生活，并懂得如何与人合作；逛完一个景点，他们会依据景区地图寻找自己喜欢的下一个景点，学会给自己寻找方向；他们发现有人中暑了，更会毫不犹豫地取出自己的备用药和水递给同学，感受着了助人的价值和乐趣；临近规定返校的时间，他们又会相互提醒，提早赶到指定地点汇集，然后有序上车，懂得自己该如何善事善终……

这些，又岂是在学校里、在教室里、在几节课中能够学到的？谁又能否认，这些，或者说恰恰是这些，才是一种无可替代的教育呢？

我工作第一年，就曾带着学生春游。那次，我们越过一座山岭，到了一个水库边，我陪着学生一起生火、做饭，和学生一起唱歌、游戏。那一次，我感慨万分，因为那个地方是我高中时候曾经春游过的地方。我想起了高中时老师带我们春游的情景，那时候，我们背着锅、菜、米、油以及零食，跨过十几里山路，来到水库边，也这般烧菜做饭、唱歌、打水漂、玩斗鸡游戏，欢笑声像涟漪一样，在碧绿的水面上荡漾开去。我还记得，当时我特意跑到附近那个小山村的商店里去买芝麻饼，村子的周围，油菜花开得灿烂耀眼，散发出一种醉人的味道。连我自己都没想到，时隔十多年，我居然还能对此记忆犹新。

我相信，我们的每一次春游，也一定深深扎根在学生的心底，每当有所触动，记忆就会被激活，内心里就会暖流涌动。

如果说，好的教育一定会留下些许美丽的痕迹，那春游一定是。

春游对于学生而言，是一次完满的生活体验，是一次愉悦的心灵放飞和旅行，是一次集德、智、体、美、劳等各种教育内容于一体的大实践、大磨炼；对于学校管理者和教师们而言，也大有裨益。对春游的意义和价值认识到何种程度、如何认识春游的意义和价值、想不想组织春游、敢不敢组织春游、能不能组织春游、如何更好地组织春游，是对学校领导特别是校长的教育理念、胆魄和能力的考验和挑战。对于年级主任、班主任和任课教师而言，他们要学会如何加强本年级或者班级学生的安全、文明等教育，如何周密安排交通、饮食、游览等各个活动环节，如何严密防范各种安全隐患，如何组织开展丰富多样的教育活动以最大程度实现春游的教育价值，春游对他们来说，也是一次教育和管理能力的检验和锻炼机会。

近些年来，有一种不好的风气，就是滥用安全问责。要建设负责任的政府，关注民生，要对每一个生命健康负责，自然万分正确。可不合理的安全问责制，或者说滥加问责，越来越演变成了一种束缚。教师和校长甚至局长，一不小心就成为校园安全事故的“责任人”和受害者。于是，为了防止安全事故，学校不敢组织外出，学校敢了，教育局也未必同意。多一事不如少一事！一些学校担心弄假成真，连安全演练都只是走走过场，组织学生装模作样地捂着鼻子走一回，拍几张照片以供检查之用就行了。

平心而论，宁波这一带的学生算是幸运的，因为每年都会有许多中学、小学、幼儿园外出春游。听说在许多地方，学生在校三年或者五六年，都没有参加过一次春游呢。这实在是教育的悲哀。

《未成年人保护法》规定了我们的学生应该享有的许多权利。何时，让春游也成为学生的一种权利呢？

不该远去的六一节

今年六一节，对于我班级的学生而言，有些不一样。

虽然很快就要面临三门课的会考和六门课的期末考，我还是决定给同学们过一个特别的六一节。

两天前，我就和课代表商量，并一起拟定了基本思路，包括唱一唱儿歌，玩一玩儿时的游戏等，我又制作了课件。

这天上午第四节，是我的语文课。

走进教室，我说："同学们，童年是一首诗，她虽然短小，但是却韵味悠长；童年是一首歌，她虽然稚嫩，但是却纯真美丽。今天，我们来过一个六一儿童节。"

尽管有同学隐隐意识到我的"阴谋"，可是真听到我的话时，叫好声还是像平地炸雷，有人还兴奋地拍起了桌子。

我接着说："如果我今后继续教你们语文，担任你们的班主任，我在高中三年，一定会每年都让你们过一个别样的儿童节。"

同学们更加热烈地鼓掌、叫好。

我们就依次开展活动：谈谈童年的玩具，吃吃童年的零食，做做童年的游戏，聊聊童年的玩伴，说说童年的梦想，讲讲童年的宠物，想想童年的缺憾，唱唱童年的儿歌。

当我用幻灯片播放童车、水枪、布娃娃、陀螺和玩具汽车、变形金刚等玩具的时候，同学们都兴奋地叫了起来，这些东西显然迅速唤醒了他们沉睡已久的童心。他们一个个说着关于玩具的故事，而每当一个同学讲自己的童年的时候，其他同学时常会发出一种深有同感的喜悦的尖叫声。他们相互启发，相互补充，美好的童年的记忆全都复活了。而当两位课代表从超市买了棒棒糖和李子园牛奶，走进教室分给他们的时候，他们更是开心不已。这可是他们小学时候经常吃的“两大件”啊！同学们又纷纷回忆起当年吃咪咪酥、橡皮糖、棉花糖、烤年糕的情景。

玩游戏的环节，同学们玩起了小时候常玩的红灯绿灯晚上开灯、猜猜我是谁、老鹰捉小鸡等游戏；唱儿歌的时候，班级里响起了《两只老虎》《找朋友》《童年》；说起养过的宠物，则是有悲有喜，养过小狗可是死了，养过小猫钻到被窝里睡，养过仓鼠又送人，养了乌龟后来跑了，等等。

同学们喝着牛奶，含着棒棒糖，热情高涨，七嘴八舌，纷纷说着自己童年的趣事和乐事。每逢有人谈起一个大家都熟悉的话题或者一件事时，就会激起许多惊喜的附和声，有的甚至会开心得直跺脚狂拍桌子。小蒙、思雨、伊玲、建成等同学频频站起来发言，还意犹未尽，要求多些机会发言。那个神态真是可爱极了。他们的脸上洋溢着美丽的纯真的笑脸，教室里始终荡漾着快乐和幸福的声音。这一刻，学业的沉重负担暂时忘却了，最近考试带来的受挫感消失了，老师批评后的不快和同学间的一点小摩擦带来的距离感消失了，他们发现，原来，自己一直很富有。有一个美好的童年的人，他的一生都不会贫乏。

看着一张张完全发自内心的快乐和幸福的笑脸，我也被深深感染了，仿佛也回到了自己的童年。在结尾的时候，我深情地做了一个小结：“告别童年，不意味着告别六一；不愿长大，不意味着害怕长大。回望童年是为了更好地展望未来。我希望同学们永揣一颗简单的童心，永怀一片纯美的童真，永存一段快乐的童年，永葆一个诗意的童梦，把每一天，都当作一个美丽的节日来欢度；把每一天，都当作生命的最后一天来歌唱！”

因为这天刚好又是学生伊玲的生日，我最后祝她生日快乐！也祝21班全体“小朋友们”儿童节快乐！

这节语文课，按照学校作息时间，本来就比平时多了10分钟，结果，最后还是推迟了10分钟下课，总共65分钟。而同学们意犹未尽，踊跃举手要求发言，不愿下课。

我不认为，一堂课能够给学生多少知识。我追求的是，一堂课能够给学生多少丰富的精神享受。这堂课，我唤醒了同学们对美好的童年的回忆，唤醒了他们人性中的快乐和纯真，我相信，这堂课远比一堂简单的语文课来得快乐、丰富而充实。任何教育的目的，都是为了丰富一个人的精神生活，从这点来说，我可以自信地说，这堂课无疑是成功的。

后来，同学们在随笔中写下了这次独特的体验。可莹写道：“今天的儿童节真是意义非凡，它让我们懂得回首往事，也让我们重拾儿时的记忆。希望全天下的人都永远保持一颗纯真的心，希望他们青春永驻，也希望家长不要把孩子的童真扼杀在中学时代。”

亚芳的生日是六一节前一天，我们为她过了生日。她在随笔开头就写道：“哎呀呀，过完生日过六一，真幸福，本以为六一早在初一那个疯狂的六一中结束。但，童心永存，厉老师为我们过了一次非凡的六一节，特别感谢。让我们重新插上电板，播放童年的点点滴滴。”

建成同学则在日记中“表扬”我说：“不得不说，厉老师是个善解人意的人，他懂得我们这个年纪的孩子的心……”

童年对一个人的一生影响巨大。它是一个人的精神港湾之一，是一个人取之不竭的快乐宝藏，也是一个取之不尽的灵感之源和动力之泉；每个人都应该永葆一份童心、童真和童趣。没有童心的人，是一个缺乏情调、精神干瘪的人。

明代思想家李贽说过：“童心者，真正也……若失却童心，便失却真心；失却真心，便失却真人，人而非真，全不复有初矣。”而陶行知先生则说：“我们必须会变小孩子，才配做小孩子的先生。”崇尚爱和民主的教育的李镇西老师，认为“童心是师爱之源”，教育者的童心，是当好班主任必不可少的“精神软件”！

教育者如果远离了童心，就失去了走进学生内心的权力；教育如果远离了童心，就失去了活力和魅力。儿童节，永远不该仅仅属于儿童们，不该早早远离我们的孩子们。

那天刚好有位校长朋友给我发来一条短信：儿童节到了，别忘了给健康吸个奶嘴，给压力穿条开裆裤，给疲惫露个小脚丫，给烦恼擦个干净嘴，再给快乐带朵小红花，蹦蹦跳跳开心过六一！

多么富有童趣的短信，让我一天都心情愉悦！或许，我们每个人，一生中的每一年，都该过一次六一节。

把快乐还给孩子

又要放暑假了，一位教师朋友询问我该给孩子报什么补习班，给孩子买点什么书看看。

我说，如果你足够的清醒和勇敢，就请你给孩子一个快乐的假期，什么都不报。如果你不得不考虑现实问题，你就不妨让孩子自己决定学点什么，看点什么。

有一段时间，逢年过节过生日，大人们总是要给孩子买高档玩具、包红包，甚至大办宴席、大搞庆祝。过节行为的成人化和庸俗化，给孩子的成长带来负面影响，引起了众多有识之士的担忧。

近年来，这种情况有所改变。“逢年过节爱孩子，不送红包送知识”，成为越来越多的家长的共识。每逢六一、寒暑假等节假日来临，名目繁多的培训班广告大行其道；书店里，那些琳琅满目的参考书和教辅资料前，挤满了家长和孩子。

家长对教育越来越重视，自然是可喜的现象。但只要冷静地分析一下“培训班热”和“送书热”背后的原因，我们就会不无担忧。

随着科教兴国战略的实施和社会主义市场经济的发展、知识经济的蓬勃发展，就业竞争日趋激烈，这给广大家长增添了重重危机感。加上市场上形形色色的家庭教育书籍的热卖，更使家长们在心里敲响了警钟：孩子读不好书，就没出息，就只好待业，做“啃老族”。家长渴望子女成材的愿望比过去任何时候都强烈、迫切。为了让孩子今后能自立于社会，不成为家庭和社会的负担，家长们感到，教育必须有超前意识，越早越好。一个个周密的人才培养计划就此产生并付诸实施：3岁前背唐诗、学数字；5岁前学写字、练数算；7岁前写日记、学外语；小学一年级时提前学二年级的课程，二年级时学三四年级的课程……这还不够，要想孩子“全面发展”并且有“一技之长”，放学回家还得练钢琴、学绘画；节日假日还得请家教，搞辅导——人家请了我们不请怎么行，落后就要被淘汰，做父母的再艰苦，也要从牙缝里省下钱来请家教。于是，孩子的书包变得越来越沉，床头的灯光熄得越来越迟。幼儿教育低龄化、学前教育小学化、小学教育中学化现象正逐渐蔓延开来。

教育是一门严肃的科学，培养人才是一项艰巨复杂的系统工程。不懂这个道理，违反教育规律，急功近利、拔苗助长，是要付出代价的。这代价便是牺牲孩子的身心健康。专家指出，近年来，我国患心理疾病的少年儿童越来越多，很大程度上是教育不当造成的。深圳一位叫龙龙的六岁男孩，从三岁开始，便在父亲的监督下，每天只睡六个小时，苦学英、日、法三门外语，同时还要学汉语、沪语、粤语、数学等，最终导致身体瘦弱、神情呆滞、语言紊乱，原本聪明伶俐、活泼可爱、被邻居们称为“神童”的孩子，变成一个不知该如何说话的“傻子”，一心要塑造天才的父亲懊悔不已。无独有偶，三岁半的上海男孩童童，小小年纪要被父母亲要求学汉语、英语、日语三种语言，最后，家长发现他把“老师”叫成了“老希”、把“葡萄干”说成了“帕塌干”……家长终于慌了，带孩子到上海市心理咨询中心咨询，才知道孩子的“病因”是语言学习过早、过多所致。更多的孩子，由于不堪重负，开始厌倦学习、憎恶学校，对他们而言，学习成了梦魇，学校成了地狱。看看那些不断增加的小学生自杀案例，就不难发现，现在的教育，到了多么可怕的地步。

惨痛的教训真的不需要太多。我们的许多家长该反思并改变一下自己的教育观念和教育方法了。儿童的教育事关其一生的幸福，这教育不能仅仅盯住书本。无数事例已经证明，决定一个人能否成材，关键不是智力因素，而是非智力因素。对于儿童来说，如何让他们度过一个快乐幸福的童年，如何培养他们对知识的好奇和对生活的热爱，培养他们良好的道德品行、健康的审美情趣、坚强的意志、活泼开朗的性格，远比学几门外语、背几首诗歌来得重要。

一个一个的假期，接踵而至。但愿那些盲目地给孩子报补习班、为孩子买书的家长越来越少。但愿我们的孩子能拥有真正属于自己的快乐的假期，拥有真正属于自己的快乐童年。

我们的教育已经亏欠孩子太多，是时候把快乐还给他们了。

苦难是所好学校

这次就写写自己的故事吧。

我家在浙中一个美丽的小山村，那里曾长期是国家级贫困县。

我小时候家里很穷。家里有三兄弟，还有一个小我三岁的妹妹。时常是大哥衣服穿不上了，就给小哥，小哥穿不上了，就给我，我穿不上了，母亲就修改一下，给妹妹。

我们吃不起白米饭，锅里烧的总是红薯丝饭，就是红薯刨成的细条加一些零星的米饭。每餐只在铁锅小小的一角留些白米饭。白米饭是特意留给父亲的，母亲说，父亲干活累，让他吃好点儿，长力气。那时，我一边扒着碗里的红薯丝，一边窥着父亲碗里的白米饭，心想：什么时候，我也能吃上完整的白米饭呢？那是纯粹的白米饭，珍珠一样，一颗颗圆润晶亮，那里可没有一根红薯丝夹在里面。

母亲有时到亲戚家去做客，亲戚给了她一颗糖。回家来，她会对我和妹妹说："阿妈有好回货。"回货，是我们那里对外出做客别人送你的礼物的称呼，大都是平时不容易吃到的好东西。母亲说完就从怀里取出一颗糖来，小心翼翼地剥开糖纸。我和妹妹庄严地站在一边，咂巴着嘴，看着母亲放在嘴里，"咯噔"一下咬碎，然后摊在糖纸上，外半颗给我，里半颗塞进妹妹嘴里。她自己就去舔那张糖纸，舔完后，把糖纸在嘴里吮几下，才卷起来唾在地上。那时候，我们觉得，糖是世界上最好的东西，甜甜的，像野生的草莓。一放进嘴里，全身就充满着幸福的味道，丝毫不像现在，回忆起来的时候，眼角带着丝丝缕缕的酸涩。

周末或者假期，我们要上山去放牛羊。通常牛羊不吃饱了，肚子干瘪瘪地就回来，是要挨父亲打骂的。父亲的严厉是全村出了名的。他一旦不高兴，就会曲起食指和中指，在我们头上狠狠来几个“栗枣”，脑袋上立马就会长出一个包来。我是个不安分的人。一次，在放牛的时候，我和几位小伙伴一起玩解放军捉敌人的游戏，由于穿着那种车胎皮做的草鞋，一不小心，尖利的树碴儿滑过鞋底扎进了我的脚底，我的脚掌心被刺出了一个深深的洞，血流如注。我从草丛中摞了点蛛网，堵在创口上，未等到天黑牛羊吃饱，就瘸着腿回家了。父亲看见了，也不在意，在农村，这样的小伤是不值得大惊小怪的。这次我提早回家，父亲不揍我一顿，已经是万幸了。

为了补贴家用，我常常和哥哥们一起到山上拔“山麻皮”。这种植物叶子细小，开着紫色的花，刮下来的皮，经过加工，据说是制作麻绳和衣料的好原料。小学升初中那个暑假，为了给自己挣点学费，我和哥哥们带着母亲糊的葱油麦饼，整天都泡在山上，我们走遍了方圆几十里的大山小山，拔光了我们所能找到的每一根山麻皮。直到一天，我发现左侧腰疼痛不已。

那时候，全家正在剥玉米，唯独我因为生病得以享受特权，蜷缩在椅子上休息。一位略懂医学的伯父来我家串门，看到我满面病容，问清情况后，在我左腰上捏了捏，正色说，不好，恐怕里面长了个瘤，耽搁不得，赶紧去医院吧。

这一说，把母亲和父亲吓坏了。第二天，母亲就带着我上区医院看病。一位老医生摸了摸我的腰部后，决定给我动手术。他给我打了麻醉剂，让我躺在一条宽宽的凳子上，那就叫手术台。我在母亲的哀求和医生的劝说中，安静地躺在那张宽阔的凳子上，听着医生用手术刀“刷刷刷”地切开我的身体，然后用钳子在里面来回搅动。带脓的血水，白里透红，哗哗溢出来。医生看流得差不多了，就用一根长长的纱布，蘸了赤黄的消毒水，往我左侧身体里塞。一阵阵剧疼，我忍不住大叫。

我在那里悲哀地接受了平生第一次手术。

虽然医生建议我们住院几天，但是母亲囊中羞涩，还是决定带我回家。

走路是千万不行的了。交了医药费，母亲的手里只剩下两角钱了，只够我一个人的车费。幸好，母亲碰到了邻村的一个朋友，向他借了钱，背着我上了车。在那辆破旧的汽车上，母亲哀求乘客让我坐一坐，告诉他们我开了刀。一个善良的乘客让出了座位，母亲抱着13岁的我，坐了下来。一位乘客说，刚开过刀怎能坐车呢？得住院啊！

母亲凄凉地笑笑，没有回答。我知道，那时候，能够坐车已经是生平最大的奢侈了。我以前放牛的时候，常站在山顶上，看着远处的马路上偶尔来往并响亮地鸣叫着的汽车，扬起一路土尘，多么希望自己有一天能够坐上汽车。现在终于坐上了，只是没有想到，会以这种方式第一次坐上我梦寐已久的汽车。由于动过手术，这个暑假我完完整整地休息了半个多月，不用割草，也不需放牛。

初中时，家境虽然稍有好转，但家里要省钱盖房子，生活依然十分拮据。周末，我和哥哥们经常在背上插把柴刀，到五六公里外的山上去砍柴，然后挑到五公里外的镇上卖掉。每到开学，我也时常自己挑着柴，交到学校食堂里充当柴火费。那时恰逢村子里造水库，我也加入了挑土的行列。我是个倔强的人，知道多挑泥土村里能够给我们家多算钱，我就叫挖土的大伯多往我的簸箕里装土。我们每挑担子都要过秤，有几次，我居然挑着一百多斤的泥土过秤，连负责过秤的大队会计都说，你这个小个子，看不出，还有点力气。要知道，那时候我才读初二，是一个才15岁的孩子。

初一时，曾有一位家境富裕的同学赵波，给了我一把瓜子。瓜子是个好东西，我舍不得吃，用纸包了，放在寝室的箱子里，到了周末，回到家里，给母亲和妹妹分享。后来，母亲和妹妹都还提起。我现在知道，在那个贫穷的家庭里，我那几颗瓜子，也曾经给家人带来过些许的欣慰。

中考的时候，我顺利地考进了全县唯一的一个重点班。或许由于从小家境贫寒，受多了欺侮，我是一个敏感自尊的人，和我一样来自乡下的孩子，也大都这样。我们这些穷孩子们每天在寝室里围着一只只放米菜的木桶箱子，嚼着霉干菜（即乌干菜），买不起食堂里一角钱一份的青菜。每到冬天，我们得自己到校外的河里，敲碎冰块洗衣服，我们一学期只能回一次家。偶尔有人从老家带来好吃的菜，比如鲜笋炒咸菜之类，大家就一哄而上，一齐享受。那时候，父母亲有正式工作的人，都是“非农业户口”，他们家境殷实，很受同学们追捧，而且还享受着学校和老师们给的一些特殊待遇。我们这些“农村户口”的穷孩子和他们好像天然有一道鸿沟，无法跨越。我们和他们暗地里在学习上较劲，在他们炫耀着自己女朋友的照片时，我们就埋头苦读，我们的学习常常比他们好。在2010年召开的20年高中同学会上，我们觥筹交错之余，谈起往事，仍然为当年发奋读书的勇气和志气而自豪。

高三的时候，我选择了文科。很不幸的是，我们遇上了高考改革，到了高三才分文理科，而前几届学生到高二就分班了。人家复读的时候，已经读了三年文科，而我们则只读了不到一年，加上那时候文科录取比例不到15%，我落榜了。我们班只有两位同学考上了大学。于是我选择复读，在东阳读复习班时，由于营养不良，我的腿部生了几个红肿的大疮，锥心的疼痛让我无法坐下，只好每天晚上蹲在出租房幽暗的灯光下复习。房东太太是我老家的人，看我们复习生可怜，时常炒个菜给我们吃。一次，她家里来了个木匠，和我们睡在一间房，他看着我忍受着病痛半夜里蹲着复习，感动地说："你这么会吃苦，以后一定会有出息的。"

我得好好读书，过上我想要的生活，我要让自己和父母都过上不再愁眉苦脸的有尊严的生活。疼痛对我来说，不算什么。曾经上眼皮长了毒疮，垂下来遮住了眼睛。我就自己对着镜子，用锋利的剃须刀片把它切割开来，挤出了脓水，至今我的上眼皮还留着一道隐隐的伤疤。那段时间，同学中流行台湾歌手郑智化的《水手》，我最爱唱那几句："他说风雨中，这点痛算什么，擦干泪，不要问为什么……"

我终于考上了大学，尽管不是我所喜欢的大学。大学的暑假，我先后到砖瓦厂、木雕厂和手套厂打工。我不怕苦，为了多赚钱，时常中午不休息，在太阳底下拉砖头，在充满油漆味的车间里刷木雕工艺品，或者在滚烫的熨斗旁熨手套。在杭州一家手套厂里打工的时候，除了熨手套，每逢厂里进了布料，我就和一批安徽的小伙子一起，主动要求当卸运工。每包布料一百五六十斤重，我们一包一包从卡车上卸下来，扛到仓库里，一个小时可赚15元钱。中午休息的时候，我也时常从车间主任那里取来钥匙，一个人在里面熨手套，为的是尽可能多挣几个钱。那个月，我是整个厂里工资最高的两个工人之一。许多来自安徽的女工手脚都不如我麻利，她们也不如我会吃苦。厂里的工人知道我是大学生后，都很惊讶：这哪是个大学生，简直像个要钱不要命的拼命三郎！

命自然是要的，那时候我自信有的是力气和志气，我缺的就是钱。

毕业后，我回到母校当了一名自己并不喜欢当的教师。但是，由于我做任何事情都一直爱较真，不叫苦，不偷懒，教育局领导在我29岁那年，让我到乡下一所完全中学当校长助理兼教务主任，第二年，就让我当了副校长，那时，我是全县最年轻的学校领导。可我觉得自己并不很适合当领导，我要求调动。两年后，我来到了宁波。

在这里，我举目无亲。但幸运的是，我遇到了许多志同道合的朋友、善解人意的同事和大度宽厚的领导，这里公平、民主、开放的工作环境很让我感激和珍惜，我又意外地先后被任命为副主任、主任、副校长和校长。为了不愧对领导和同事的信任，我拼命工作，因为对我来说，苦是从来都不曾怕过的。2008年，我一面管理学校德育工作，一面教着高三，一面攻读硕士学位，一面要主持一个省重点课题并要结题，一面要考高级教师，一面要评学科带头人，一面又要写书出书。我几乎没有好好睡过一个懒觉，时常在深夜睡觉，清晨四五点就起床写东西。每次学校外出活动甚至暑假组织集体旅游，我都是背着一个手提电脑和几本书，一到宾馆，就疯狂学习和写作。2008年是我的本命年，有人说，本命年运气不好，需要系根红腰带。我不信邪，我相信命运在自己手中。这一年，我所有的目标都顺利实现，还被聘为浙江省教育厅讲师团讲师，时常被邀请到宁波大学和各地中小学做德育工作报告。

我实现了小时候的梦想，终于吃上了纯粹的白米饭，里面再也没有半根红薯条，我再也不用穿小哥剩下来的衣服了，再也不用几个人分一颗糖了，再也不用整天吃那个霉干菜了。我过上了自己想要的生活。回首过去，我心怀感激。我感谢我所经历过的这些苦难，它们是一所最好的学校，正是它们培养了我不轻易屈服的灵魂、不轻易放弃的意志。

每当接触一批新学生，我都会找合适的机会和他们说说我的过去。每次面对因为遭遇各种挫折而来向我求助的学生的时候，我也总会告诉他们我自己的这些故事。有一位学生听了我的故事后，对我说："厉老师，你走到今天真不容易。"我说："其实也不难，只要自己足够的坚强，苦难只能成为你的垫脚石和磨刀石。"

看到现在的孩子们，坐在教室里，每天都吃一大堆的零食，喝一瓶又一瓶的饮料；夏天教室里有电风扇，冬天寝室里有空调和热水，我就羡慕不已。不想，有许多学生竟因为教室里没有空调就抱怨甚至痛骂学校；还有家长跑到学校来说，你们装不起空调，我来掏钱。难怪越来越多的孩子，经受不起一点点的挫折。宁波地区有个小学生，考试作弊，被抓住了，老师还没找她谈话，她就跳楼了；还有一个初中生，和同学吵架，老师一批评，他就从五楼跳了下去。每逢新生入校，就有许多学生因为适应不了住宿生活，在寝室里哭，或者要父母在校外租房子陪读。

想到这些，总觉和他们的人生中缺少了一些我们这代人所遭遇的苦难有关。所以教师应该告诉学生自己的故事，包括那些苦难和失败，当学生默默地读着老师的故事的时候，他们不难得出自己的结论。别人的苦难，也是可以磨砺自己的心志的。

学生借钱之后

说来有些琐碎，琐碎得可能会让一些教育专家们耻笑。

可是又不得不说。总认为一些看似琐碎、羞于启齿的东西，一旦和教育发生了联系，就不应该回避它。

那天，小马跑来向我借钱，说，老师，小杨同学肚子不舒服，要送他去医院看看，能不能借我点钱。我一看口袋，只有二百多元钱。

他惊讶地说，只有这么一点?

我说，今天老师身上没带更多的钱呢。

他拿了钱就走了，那神情倒好像我犯了错似的。

我不是他的班主任，可是，他喜欢向我借钱。这次是他送小杨去看病，上次呢? 我记得上次，他已经向我借过钱了。

那是三个月前，他和小杨来我办公室，说他们没钱吃饭了，向我借点钱充饭卡。我借了他们100元。他说回家后带了钱，下周返校时就还我。

过了一周，他没有来。过了三个多月，依然没有。

这次是他第二次向我借钱了。我觉得蹊跷，向班主任打听情况。如果他们两个家境比较困难，我打算为他们提供一些帮助，并准备为他们申请贫困助学金。如果家境没有问题，那么，他们向我借钱而不归还，就是一个教育问题，这个问题，有待我去正视并解决。

班主任感到惊讶，他说，他们怎么向你借钱呢？他们两个家境都不错的。而且小杨肚子不舒服，上医院，他们也没有向我请假啊。他准备去调查一下究竟怎么回事。

他这么一说，我倒不知道该怎么办了。

他们究竟有什么事？究竟把钱用到哪儿去了？如果真的是小杨看病，为何他自己不来借？上次借的钱，为何到现在还不还？我该不该直接提醒他上次借钱的事？如果他们班主任去调查，是不是显示出我——老师对他们的不信任？这样是不是会给他老师特别小气的感觉？如果我不提醒，他不还钱，他是不是会继续向别的老师借钱然后不归还？我如果直接向他讨钱，会不会伤害我和他们的感情？……

这些问题一度让我为难。我不在乎这三百多元钱，我每年都要送给我任教的学生和学校里别的学生一些励志书。特别是我当班主任的时候，我每年光是送给学生书籍和其他奖品，通常都要超过1000元。我实在担心他们不懂得做人的道理。教师的职责是育人，是培养明事理、懂道理的人。如果他们忘记了自己以前所借的钱，那么，这是一个很不好的习惯，这不仅损害别人的利益，也损害了自己的形象；如果他们记得自己所借的钱，但没有信守诺言而及时归还，那么，他们应该学会及时做说明，不可以这样一直拖着；如果他们借钱是为了另作他用，比如游戏、请客、送礼等，而不是真的为了急用，那么，我有必要教会他们如何正确对待金钱，如何科学理财；不管如何，借钱不还，始终是应当避免的行为。作为教师，我不能够这样糊里糊涂地放任他们继续这种行为，我应该理直气壮地提醒他们借了钱物要归还。虽然这可能会伤害我和他们的感情，但是，这对他们的成长来说，是更负责任的方式。

经过一番思考，我心下释然。我阻止了班主任的调查工作，决定由自己来处理。

我于是耐心等待着。

过了一周，他们没有来还钱。

第二周，我主动出击。找到小马和小杨。

我说，你们两个关系很不错，在老师眼里，也是很懂事的孩子，小马乐于助人，是一个值得交往的朋友。小马不好意思地挠挠头，小杨也笑笑。

接着，我又问，你们有没有什么困难？家庭有没有经济困难？需要学校资助和老师帮助吗？

他们都说，没有。但是，也都没有主动提及钱的事情。

我于是单刀直入，笑着问他："那好，老师和你们说一件事。老师记得你们几个月前向老师借过钱，是不是记错了？"我尽量让自己的语气看起来像是和他开玩笑。

他们惊愕地看着我，连忙承认。

我继续说：老师很感谢你们两个，你们那么信任我，有困难的时候就想到找老师。不过，既然我是老师，而且你们那么信任我，我就要尽一个老师的职责，提醒你们，借钱的事情，一定要慎重啊，花钱要有计划，尽量不要借钱，向别人借了钱呢，一定要记得及时归还。否则，也要向人家解释说明一下，让人家了解你的困难……

小马的表情有些尴尬，赶紧说："哎哟！我们忘了。我们一直没有钱。"片刻，又说："老师，上次看病的钱我带来了。"他把200元还给我。

"剩下的100元，我们下周带来还给你，好吗？"他说。

我笑笑说，没问题，如果你们缺钱了，有困难了，随时来找我，我一定会借你们的。你们向我借钱，我还得感谢你们对我的信任呢。

他们听了，也笑了。

下一周，小马和小杨果然到我办公室还了钱。

我准备好了自己的两本励志书，送给他俩，告诉他们：你们两个在老师眼里，都是不错的孩子。你们任何时候缺钱了，来向老师借，都没有问题。但是，老师前几天为什么要提醒你们还钱？因为你们都应该知道借钱要归还的道理。你们第一次借了，说好下一周归还，但是过了两个月没有归还，而且也没有向老师解释。第二次向我借，我自然会借给你，因为我是你们老师，你们有困难的时候，老师一定会竭尽所能帮助你们。但如果你们向同学借呢？今后到了社会上向别人借了东西或者钱忘了归还呢？当你第二次向人借的时候，人家就不会答应你。这就是你第一次失信了，第二次向人求助，人家就不会乐意帮助你了。老师为什么要提醒你们还钱？就是担心你们养成这种大大咧咧的习惯。这种习惯不仅会让你们失信于人，以至于到关键的时候失去许多原本愿意帮助你的人，还会让你们在任何事情上都容易丢三落四、粗枝大叶，这是你们走向成功的大忌。老师希望，通过这件事情，你们要努力养成做人、做事都一定要谨慎、严谨的习惯。

我指着书中《做一个节俭的人》那一页，告诉他们，要从现在开始，尽量学会理财，学会节俭，学会有计划地使用自己的每一分钱，学会每周或者每月给自己存一点零花钱，以备不时之需。

这本书里面还有关于如何诚信做人的一个专题，其中就有“向他人借钱物要及时归还”“答应他人的事，要努力做到，做不到，要及时解释说明并道歉”等内容。我相信他们看了后，会有所触动。

我始终没有去打听他们借钱究竟是用来干什么了，为何又迟迟不还直到我去催讨。我只是想告诉他们一个道理，那就是：借钱还钱，天经地义。我认为这样一个简单的道理，是任何人任何时候都不能够丢弃的；而作为老师，当我发现学生的行为出现了偏差，我有义务给他指出来。

和一群老师谈话的时候，提起了这件事。一位班主任说："你倒还真直爽啊，去向学生讨回来了！我也是郁闷啊，我都快成银行了。学生要交资料费，向我借；学生生病，我来掏；学生交会考报名费，我来垫。绝大多数学生能够还我，也有的我替他垫了他说都不说，不知道是不是忘记了。有的呢，还我的时候，我说，这么点钱不用还了吧，他们也就不客气，真不还了。虽然钱不多，但是总感觉你的好意没有得到应有的认同，一些学生觉得这一切都是应该的。"

旁边的老师们都附和。一位值周老师说，一位同学在寝室里玩耍时受了伤，他把学生送到医院去了，垫了七百多元钱，后来，那位家长就是不来付钱。据说，家长认为这是在学校里受的伤，本来要学校出钱。待到后来，班主任替这位家长向保险公司拿到意外伤害理赔款后，家长才把钱还给这位老师。而令人奇怪的是，那位学生对这一切竟然心安理得，丝毫没有感恩之心和愧疚之意。

学校每年都要给一批贫困学生发一笔助学金，每个人一年大概能够拿到近3000元。可除了给钱，很少有人再对这些贫困生做些什么。比如给他们讲一讲道理，这钱是怎么来的，他们应该怎么花，应该怎么对待这笔钱，应该对社会、对学校、对老师心怀感恩，应该对自己的做人和学习有更高的要求，等等。没有，什么也没有。绝大多数学校，都只是让学生提供一个账号，学校把钱打进去就好了，好像这个钱给他们是天经地义的。所以，这些孩子中，也真的有一些人以为这是天经地义的，他们花起钱来，丝毫不比富裕家的孩子节俭。我见过一个男生，经常不在学校食堂吃饭，而是拿这个钱，带着女朋友到校外去吃饭，那个打扮穿着，让人看着就觉得流里流气。他不知道学校为什么要给他争取多份助学金，所以，对待这些钱，丝毫不珍惜。

尽管上述现象在学生中少之又少，但不能否认，有的学生其实早在走入社会之前，已经沾染了一些不良思想和习气。教育者要做的，恐怕就是及时发现学生思想和行为上的偏差，趁他们没有长大之前，将这些“稗草”拔除，种上庄稼。教育者自己，更不该因为碍于面子而在学生的心田上有意无意地种上了一颗颗“稗草”。

有的老师对学生上课迟到、作业不交、自修课说话、打扫卫生不彻底等行为特别在乎，频繁找学生谈话。可对学生向老师借钱之后该不该还、学生忘记了归还之后该不该讨要这些事情，却认识不足。作为老师，我们一不小心就容易被面子和感情所左右，丧失了独立的判断能力和教育的基本立场，以至于很多事情，本来是无须讨论的常识，也变成了模糊不清的问题；本来是学生的过失，也好像变成了教师自己的过错。

当班主任的时候，我曾给自己定下一个原则，就是无论哪个学生生病，我都要亲自送到医院，并且陪伴在身边。后来，我发现生病的学生越来越多，有的学生一有点不舒服就往医务室或医院跑，我有些开始疲于应对了。而且我发现，尽管我反复强调，多数同学在生病的时候，还是既不带医疗卡，也不带钱。到了医院，也不知道如何挂号、付费、取药。在他们眼里，只要有困难，老师就会挺身而出，替他们全部包揽。尽管同学们都很敬重我，叫我“厉爸爸”，我还是决定要在班里表明我的态度。我坦率地告诉学生们，师生之间、同学之间理当相互关心关爱，但我们每个人更要学会自理和自立。人这一辈子，绝大多数事情，还是需要自己来完成的。一个不能独立的人，既不能成人，也无法成功、成才。我告诉他们，读高中以后，我就远离家乡，任何大病小病，从来都是一个人自己去医院或买药的，甚至有一次在医院动小手术，也没有让一个同学和老师陪伴过我，更没有让父母来陪伴我，因为我相信能够照顾自己。如果老师也像一些父母一样，替你们大包大揽，那么，你们终将失去远行和飞翔的能力。今后，一旦你们离开学校、离开父母，你们将怎样面对生活中的各种困难？

后来，学生动辄上医务室和医院的现象少了，同学们学会了自带一些常用药，学会了如何自己去挂号、看病、付钱、取药，学会了更好地照顾自己和别人。

很不喜欢一些媒体津津乐道于老师如何牺牲自己的健康和节假日来辅导学生，老师为了学生连自己的老父母或者孩子生病住院也顾不得回家看看，凡是有一个学生在就有一群老师陪着。他们并不知道什么是真正的师爱，什么不是；什么是教师的责任，什么是学生自己的担当。我们教师应当区分清楚。

教育是一个把自然人社会化的过程。教育的目的，就是培养能够适应社会并引领社会发展的合格的人。适应社会，就需要学习如何遵守社会的一些共同准则；引领社会发展，就需要拥有自己高尚的人格和卓越的精神力量。教育需要爱，但真正的爱是什么，是“为之计深远”，是为学生离开你之后能够开始更好的独立生活而做准备。如果以爱的名义，背离了教育的目的，那么这种爱就是一种溺爱、假爱和错爱。

在一些无须讨论的基本道理面前，我们没有迟疑的必要，哪怕是一分钟。

把一个人的作用发挥到极致

教育者的智慧之一，就是善于利用各种教育资源。

这是一个看似“冗长”的故事，但是，对于那些苦于不知道如何利用教育资源的老师们来说，不能不说是有帮助的。

任小艾老师是我最敬佩的教育专家之一，有幸和任老师认识，并让我和我的学生从她这里得到了许许多多的智慧和力量。

2010年11月中旬，任老师带着《人民教育》杂志社白宏太和任国平两位资深记者来我校采访。得知那天我的班级要升班旗，他们说要看看。

我校实施升班旗制度，每月的优胜班级就在校门口的一排旗杆中选择一杆，升上自己班级同学设计的班旗。我班的目标是第一个月结束就能升上班旗。由于同学们刚入学，各方面表现还不够严谨，被扣了许多分，所以没能成功。这次，经过同学们艰苦的努力，终于获得升旗资格，许多同学得知消息后，当场就激动得哭了。

那天的升班旗仪式是这样安排的：几位在上个月中表现突出的同学担任主持人和升旗手，班长做班级工作总结，副班长思雨带领同学们集体宣誓，校长讲话，家长代表讲话，班主任讲话，然后集体唱班歌《奋斗》。

家长代表讲话之后，我突然想到，何不邀请站在身边的任小艾老师鼓励同学们几句？

任老师欣然接受。她说：“同学们，大家好！也许你们对于我有点陌生，但我对你们的故事却很了解。因为厉老师和我们在一起这些天里，每天都讲起你们。21班是一个很有志气的班级，我希望你们的班旗能够永远飘荡在学校上空。但是，如果有一天你们的班旗降下来，我希望，也相信你们的信念不降，你们的意志不降，你们的梦想不降！只要我们努力，我们照样可以做最出色的自己。下面，我们大家一起来喊个口号，‘我自信，我快乐，我优秀’。让我们一起大声喊出这个口号！”

“我自信，我快乐，我优秀。耶！”

同学们振奋精神跟着大声喊了起来。那天，同学们心情异常激动，许多人流下了幸福和感动的泪。这一幕被任老师和一边的两位记者捕捉到了，写进了《人民教育》的长篇报道中。

在升班旗后，我让同学们当天就写了《当班旗高高升起》的随笔，并且让他们尽量详细地回忆和记录整个过程，包括校长、家长和任小艾老师的讲话。在我看来，这么庄严而动人的升班旗活动，有全国著名教育专家参加的升班旗活动，本身就是值得纪念的人生体验。更主要的是，回忆有利于保存美好的记忆，积蓄信心和力量。同学们的日记中，对这次升班旗活动充满了深情和激情，他们细致地记录下了整个过程。为了尽可能增强激励效果，我把一些优秀的随笔复印下来，张贴在班级后墙上，鼓励他们。

快接近期末的时候，一些学生争分夺秒，异常勤奋；也有一些依然松垮；还有一些呢，则感到压力重重，对自己缺乏自信。我于是决定让他们听听任老师的讲座。让他们对任老师有更多的了解，从任老师那里获得更多的精神力量。同学们听了任老师的精彩演讲，得知她是一个没读过大学的高中生，通过订阅大量资料勤奋学习和钻研，居然把教育做得如此出色，而且年纪轻轻就在人民大会堂接受了国家领导人的接见，大家都敬佩不已。佳燕说，像任老师一样肯比别人多付出一点，就会卓越起来；炳睿说，我们只要有决心，也可以做最好的自己；佳红说，任老师真勤奋，只是一个高中生，却成为著名的教育专家，印证了“只要努力，无所不能”。

2011年3月底的时候，任老师告诉我说，关于我们学校的报道出来了，其中有一页近2000字是关于我们班级的内容。我收到杂志后，马上复印下来，把这个喜讯告诉同学们，并且把这篇文章贴在班级后墙上。同学们看到自己的事迹上了教育部主管的刊物《人民教育》，既自豪又开心。须知道，我的班级是全年级21个班级中，入学成绩最差的班级，同学们从小学到初中，都见多了他人的批评、指责甚至嘲笑打击。他们从来没有想到，自己和自己的班级，居然可以登上国家级媒体。

4月8日—10日，任老师组织的“中国教育学会班主任专业化工作研讨会”在我校召开。我想邀请任老师到班级来再次鼓励鼓励同学们。同学们得知后，也都非常希望她能来我们班级走走，并且为她准备了两样礼物。一份是三位同学为她画的肖像；另一份呢，则比较特殊。我们结合自己美术班的特色，买了一本速写本，让每个同学和任老师说几句话，画一页富有特色的画送给她。这就在进行感恩教育的同时进行了美术教育。同学们准备得很认真，她们的留言和画活泼大胆，幽默顽皮，充满稚气，又富有个性。建成写道：“任小艾老师，我们好崇拜你啊，最是那举手投足间的潇洒，一个字‘赞’，两个字‘超赞’……”小丽写道：“小艾老师，对您的经历，小生实在佩服，您的执着和坚持鼓舞了我，告诉我为了梦想，绝不放弃！”小薇同学给任老师“颁发”了一张“最具亲和力奖”奖状。

任老师收到礼物后赞不绝口："啊呀，真的太棒了，画得太好了，孩子们太可爱了。"

遗憾的是，虽然在我校三天，但任老师异常忙碌，会议间隙也被来自全国各地的校长和班主任们围住或者约见，最后，直到会议结束了，她才抽出时间要看我班学生，可那时学生已经放学离校回家了。

我依然带着她看了看我的班级，当她看到同学们为她画的三幅肖像时，很惊喜，抱着那几幅画，一一拍了照，我说，我准备把这个照片洗出来，送给启航、建成和亚芳三位画像的同学。

让我们没有想到的是，任老师回到北京后不久，就给我发来短信说：我把给21班孩子们的回信发到你邮箱了，请查收并代转，谢谢！

我赶紧打开邮箱，惊喜不已。

任老师给同学们回了信：

亲爱的同学们：

你们好！那天晚上，当我走进21班，从你们的厉老师手中接过"三雅堂"（这是我们的班名，也是送给任老师的本子的名字——作者注）时，一股暖流顿时涌上心头，惊喜、兴奋、幸福的感觉充盈整个心灵。感谢你们为我精心准备的这份特殊礼物，它是我来龙赛中学收到的最珍贵的礼物，值得我好好珍藏。从字里行间，我似乎看到了你们动人的身影，看到了你们可爱的笑脸。我确信，在你们伟大的"厉爸爸"的引领下，你们28个孩子，个个都会成为未来的英才！我将为你们祈祷，祝福你们成功！

《人民教育》编辑部

任小艾

更令人惊喜的是，她在百忙中，居然抽出时间给我们班级28个同学，每人写了一段话。

收到回信后，我异常感动，全国闻名、终日忙碌的任老师，竟然给一群仅有一面之缘的小屁孩们一一写回信！这是多么的难能可贵啊！我仿佛看见了我的学生收到她的回信后雀跃的样子。

直觉告诉我，这些对我来说如获至宝的回信，对于同学们肯定更加意义非凡。这是一笔极为宝贵的教育资源，是“人参”，绝不能当作“萝卜”一次性“挥霍”掉。

于是，我决定分批公布，给同学们以不断的激励，给更多的同学以更持久的更丰富的体验。

第一天，刚好是小丽同学的生日。我打算送给她一本书——《哈佛女孩刘亦婷》，我在上面写了一段话，又把任小艾老师给她的留言，贴在上面。

走进班级里，我们为小丽举行了简单的生日庆祝仪式后。我说，今天，我告诉同学们一个意外的惊喜。

什么啊？同学们好奇地问。

任小艾老师给我们回信了。

真的？

真的。我给大家念念。

我读了那段文字。同学们听了兴奋地鼓掌。

我请班长把这段文字贴到后面去。

我又告诉他们，还有一个喜讯。

什么喜讯？

同学们都瞪大了眼睛。

任老师给我们的小丽同学写了一段文字，我把它贴在书上了。

真的？同学们都觉得很新鲜、激动。

我于是打开书，读了任老师送给她的那段文字：

小丽同学：

你好！你善于与人相处、随遇而安的特点，给了你自己一个快乐的理由。看到你身在21班那么开心，让我感到高兴。人生如白驹过隙，当回头看那飞逝的时光时，顿然理解“珍惜”二字的含义。

任小艾

2011-04-12

然后，我把书送给小丽。

同学们都特羡慕。

我说，再告诉你们一个喜讯，任老师还给你们每个人都回了信呢。

真的吗？他们瞪大了眼睛。

那抓紧读读？有些人迫不及待了。

不行。我不能一次性给你们。我要看你们的个人表现，好了我送给你们。虽然是任老师给你们的，但是转达的权利在我这里，呵呵。我要一天一个，不，一段时间一个，我可不能让你们一次性全享受了。

同学们都笑了。许多同学要求一天公布三个，我不同意。第一天嘛，这么多的惊喜，够了。

接下来，我隔三岔五地采用各种形式，把任老师的回信作为“奖品”和“礼品”送给有关同学。

从时机上来说，有的是生日的时候，有的是近来遭遇挫折、比较缺乏信心或者情绪低落的时候，也有的是近来表现特别出色的时候，还有的则是同学们面临较大压力的时候，比如即将期中考、期末考和会考的时候等。

从形式上来说，最初，我把任老师的寄语全都打印出来，藏在信封里，每天给同学们抽一张。后来，通过我指定、同学推选或自荐等方式，选出近期来某方面表现出色或有进步的同学担任抽奖嘉宾，让他来抽“奖”，抽中了谁，就把那张寄语送给他（她）。再后来，除了推选抽奖嘉宾，我又让同学们推选出一个“宣读嘉宾”，这个嘉宾，必须是某方面表现值得大家学习的，这个人，可以是大家推选，也可以是“中奖”的同学自己推荐，由这个同学来代表任老师“说”那一段寄语。有时候，我们也会来一个击鼓传花的游戏，让擅长唱歌的同学上台唱歌，歌声停，“花”在谁手里，谁就来担任抽奖嘉宾或者宣读嘉宾，这就让这个活动增加了更多的乐趣。有时候，我还会抽一些同学对那个“中奖”的同学说几句祝福和希望的话。当然，更多的时候，我还会让那位中奖的同学自己谈谈感受。我尽可能让更多的人参与到这个活动中来，并从中获得力量和智慧。

有一次，我让可莹充当抽奖嘉宾，因为近来她成绩进步非常明显，她抽出来的是炳睿。我说，炳睿，这次，你自己来读一读吧。

炳睿赶紧起身，从可莹手中庄重地接过信，认真地读了起来：

炳睿同学：

你好！大睿，你的学号居然是最后一个！让我恍然意识到，已不知不觉欣赏到第28个了。你的判断很正确，的确，“28”是重要的。它标志着全班画上句号，是表现完美的符号，你很幸运啊！你的好奇心会让你去探究，而探究是一个人获得成功的重要前提。

任小艾

2011-04-14

我问：你读了任老师给你的回信，有何感受？

我很激动。

你打算把这封珍贵的回信放在哪里？

我要贴在我最常用的笔记本上。

是啊，任老师多么难得啊，百忙中给你们这些孩子们一一回信。我希望你经常看看任老师的寄语，别忘了，在北京，著名教育专家任老师在等着你的喜讯。

接着，我趁机告诉同学们：你们听到了吗？任老师为什么叫他为大睿？因为相信他是一个有大智慧的人。而且，她居然凭感觉就知道这是一个高大的男孩子。同学们以前叫他小炳，这是把他叫小了。小炳，意味着还小，把他当作小弟弟看了，这不好。炳睿是班级里年龄最大的孩子，理当当大哥来看待，同学们今后叫他大睿，就是要提醒他是一个大哥，我相信，他以后一定会越来越像个大哥的样子，为我们在各方面做榜样，更主要的是，他一定会做个宽容、大度、谦逊、进取、严于律己的大哥。对不对，炳睿？大睿同学？

朱炳睿憨厚地笑笑，点点头，说，对。同学们也都会心地笑了。

我这样说是有意图的。因为炳睿是个很可爱的大男孩，他心地善良、为人诚实、乐于助人，同学生病的时候，他多次背起同学往医务室跑。但是，他有时候比较任性，而且比较情绪化，像个小孩子。巧合的是，任老师叫他大睿！所以，我抓住这个机会提醒他，今后同学们就叫他大睿，这可以让他意识到自己是一个大哥，而不是一个任性的小同学。

又一次，我让佳红作为嘉宾，代表任小艾老师抽幸运奖。因为她是最近几天一直都最早来到教室并认真学习的同学，她也是最勤奋、最优秀的同学之一。她抽出奖来，一个是梦婷，一个是小阳。我让两位谈感受，梦婷说读了任老师的回信非常激动，自己画的画很小，想不到任老师都细心看了。小阳说，不知道任小艾老师是怎么知道他是一个懂得坚持的人，真的感到任老师很敏锐，他一定会努力做一个优秀的人。

接着，我让佳红同学对他俩说几句话。她说，小阳同学很勤奋，也很善良，很大气，从来不和人计较，我希望他成绩可以再提高一点。她又对梦婷说，梦婷同学性格很好，担任寝室长，很认真负责，我希望她学习再努力一点。

6月中旬，很快就要会考了。同学们都异常紧张。学习明显自觉勤奋了，我也能感受到他们的压力。我决定给同学们一份惊喜。

这是下午第二节课。我决定，这次要抽出一个幸运同学，让她和任小艾老师通电话。我事先和任老师通电话，告诉她我的打算。我说，同学们都比较勤奋，会考和期末考有压力，你给他们鼓励鼓励。她正在广州出差，在车上。她听了我的打算后，满口答应。

我到了班级，告诉同学们：同学们，我们马上就要会考了，这个学期也快要结束了。看看，我这里有几位同学还没有看过任小艾老师的寄语，我今天多抽几位同学，然后让一位同学和任小艾老师现场通电话，好不好？

同学们听到要和任老师通话，特兴奋。

我让梦婷抽，我说，你最近在学校语文竞赛中，获得了一等奖，你是优秀的学生，也是幸运嘉宾，你来抽奖。

她先后抽出了倩滢、小琴、河清、玲俏和佳燕等同学，大家决定让佳燕和任老师通话。因为任老师在寄语中对个子最高的佳燕同学有些记忆。

我拨通了任小艾老师的电话。

佳燕：小艾姐姐，我是佳燕，就是那个最高的女生，你还记得我吗？……

看得出，她很兴奋，兴奋得后来就不知道怎么说。我们听见任老师在电话里鼓励她好好学习，说以后一定会来龙赛看大家的。

她听了很高兴，但是很少说话，只是说，小艾姐姐，你不知道，你很漂亮的，我们大家都很崇拜你。

后来，又让班长启航接过电话，并将手机音量设置成最大。任老师说，你就是那位给我画画的男生吧，你的画很好，你也很稳重。接着，任老师对同学们说："同学们一定要相信自己，要勤奋学习，相信自己一定能够在厉老师这么好的老师的带领下，好好地学习，三年以后，用自己的实力证明，我们是一个优秀的班级，我们大家都是很不错的，你们要努力考上中国美院、中央美院等你们自己理想中的学校，做一个让父母和老师都自豪的孩子。"

听着任老师亲切的声音，同学们时而哈哈笑，时而热烈地为任老师鼓掌，有时还集体应答一句，我看到了他们眼中的幸福和自信。

6月29日，是思雨同学的生日了。但那天是开始期末考试的日子，没有时间开展生日祝福活动。我决定提前给她过生日。两个月中，任老师给她的寄语，同学们先后抽到了三次，她都不同意宣读，她说她一定要等到在自己生日那天获知任老师的寄语内容。为了奖励她这种非凡的意志力，我决定给她一个惊喜。28日那天，我送给她一本《羊皮卷》，把任小艾老师的寄语，用漂亮的信纸打印出来，贴在那本书上。

我事先和任老师约定，祝她生日快乐。

同学们为思雨唱生日歌，我将礼物送给她，她终于看到任老师的寄语，脸色通红，特别激动。我说，同学们都知道，思雨同学是最有耐心的。今天，我决定送她一件特殊的礼物，任老师准备亲自祝她生日快乐。

我拨通了任老师的电话后，就把手机给了思雨。任老师在电话里向她道歉，把她名字搞错了一个字（任老师已经在寄语中说明了），鼓励她好好学习，对自己有信心。接着，她鼓励同学们说："同学们要好好学习，相信自己能够成就一番事业，每个人都要成为最好的自己。我在远方为你们祝福。相信我们足够的真诚，会感动上天的。祝思雨生日快乐，也祝大家明天考试成功。"

令我们意想不到的是，任老师还在电话里为思雨唱了生日歌。

思雨拿着手机，都激动得不知道如何说话了。

同学们都笑了。

最后，任老师让同学们跟着一起喊：我行，我能！

任小艾老师对同学们的影响是极为深刻而持久的，同学们多次在作文或者周记中写到任老师。他们非常珍惜任老师的寄语，许多同学把任老师的寄语贴在自己的课桌板上或者笔记本上，贴在自己每天可以看到的地方，用以激励自己。

你看，围绕任小艾老师一个人，就可以开展这么丰富多彩的教育活动。任老师给学生的28段寄语，我就整整利用了两个多月。这两个多月里，一张张小小的纸条，一段段温馨的祝福，一次次别开生面的“抽奖”仪式，给同学们带来了很多难忘的回忆，也激励了很多同学。

我们有的老师总是感叹自己没有资源可以利用，习惯于自己一个人一张嘴对学生进行重复低效、令人生厌的说教。其实，资源就在你身边。或许不是每个人都能像我一样幸运地碰上任老师这样真诚、亲切、随和、热心的教育专家，但是，我们每个人身边，都有各种各样的资源。只要你善于发现、善于挖掘，并懂得把任何一笔资源利用到最充分，把每一次教育作用发挥到极致，你会发现，自己的教育生活会越来越丰富、越来越精彩。

后记

2011年清明节那天早晨，突然有一种冲动，要开始写一个帖子：做教育的清醒者。

很早就想写这个专帖了，只是一直踌躇着要不要写。我不是一个孤僻寡合的人，但也不是一个喜欢人云亦云、盲从大流的人。我喜欢琢磨每天面对的教育现象，喜欢从中找出一点可以提升或者提醒自己的东西。渐渐地，我的电脑中积存了二百多万字的东西。

工作多年，对教育、对教师都有太多的话要说，但一直以来都不敢忘记那些前辈们的谆谆告诫：祸从口出，沉默是金。

可我们的教育中有太多的问题需要思考，太多的疑症需要解剖，太多的缺陷需要克服，太多的流毒需要涤除，太多的误识需要澄清，太多的陋习需要纠正。站立讲台近20年，对此有太多的体会，也有太多的感慨，不吐不快。

写着写着，一发不可收拾，最终决定整理成册，就是现在这本小书。

书里涉及的众多问题，不是针对某个人或者某些人的。其中许多是我自己，一个普通教师在成长中经历过的错误，或者说是曾有过的误识。这本书首先是写给自己看的，用以提醒自己该注意些什么，该做些什么。当然，我也不回避，诸多现象也时常发生在我们周围，从我们的每一所学校、每一个老师和领导身上不难找到它们的一些影子。我把它们写下来，编辑成书，就是为了供自己，也供和我一样还未成熟的教育者和管理者们看，希望能够触发一点思考，哪怕是一点点被触痛后的不悦。

既名为“做教育的清醒者”，就不会专看那些人家希望看的“好东西”，不会专说人家希望说的“动听话”，不会专做人家希望做的“规矩事”。坚持睁一双厉眼，乃为保持教育者应有的清醒和独立。非为哗众取宠，乃为真诚呼唤，呼唤我们教育的更精彩、真精彩。

“做教育的清醒者”，不仅是“看”，还有“做”和“思”，其中很多是我在实践中的探索和尝试，而更多的是无情的反思，是作为一名教师的自我批判和否定，是自我谴责和忏悔。且行且思且回头。

里面的文章，有一些是论坛上发表过的，有一些已见诸报刊，更多的是思考了多年而没有发表过的。或许有一点犀利、尖锐，兴许有一点大胆、坦率，也许还有一点深刻、新颖。但我更希望读过的人都能够说：“虽然未必完全正确，但是实在真诚和勇敢。”卸妆比化妆更需要真诚，醒悟比错误更需要勇气。

我是一个浑身充满缺点的教育信徒，而不是一个勇于殉道的教育圣徒。我在这里只以我之寡闻，借我之拙笔，抒我之浅见，所以谬误和差错在所难免。

难免会有人看了不舒服，甚至会感到疼痛。疼痛也是一种药，疼痛，说明我们还活着，还有知觉，还有希望。所以疼痛之后，请你原谅我的率直。

耗时一年，这本书终于要付梓了。

还是有些感慨要发，有些感谢要说。

感慨做教师不容易，感慨做教育不容易，感慨怀揣理想做教师做教育更不容易。感慨太多，无法一一尽发。

有太多的人值得铭记和感谢。

感谢任小艾老师。她给了我太多的鼓励和帮助。她是一个喜欢提携后进的人，对于一些勤奋的年轻人她不吝赞词。她像一个火把，总能够点亮教育路上一个个迷惘而执着的探索者。我认识许多和我一样受她鼓励和提携的优秀同行。

感谢我在龙赛中学和立人中学的众多可敬的同事们和可爱的同学们。他们包容我的过失，接纳我的缺陷，理解我的难处，支持我的探索。我的许多观点和事例，都直接或间接地来自他们，是他们给了我许多灵感和激情。

感谢所有信任和关心我的各级领导，是他们对我的肯定、支持和指导，让我得以在教育这条路上走得比较踏实而坚定。

感谢我的导师们。无论是崔国久、李秉康，还是田学红、罗志康、朱仁宝、高亚兵，他们既是我的老师，又是我的朋友，更是我的学习榜样，是他们让我多年之后依然保持着一份向善向上的勇气和锐气。

感谢吴非老师。虽未曾某面，但喜欢看他的书，敏感敏锐，犀利深刻。他教会我精神独立，思想自由，不跪着教书，不跪着做一名校长。

感谢一直以来默默地关心和支持我的朋友们，他们以各种方式支持我在教育上做一些大胆的思考和探索。

感谢我的家人和亲人们，他们一直以来坚定、无私地支持我的追求。

这些都是我生命中的证人和贵人，他们陪伴我走过一段段独特的路程，值得我深深铭记和感谢。

我今年刚好四十岁。四十不惑，转眼就已白头。倘能做一个教育的清醒者，临难不惧，临阵不慌，临疑不惑，白首，也是幸福的。

斯为后记。

欢迎批评指正、讨论交流。

厉佳旭

2012年7月 于宁波家中